Tomislav Ivančić / GOTT VERÄNDERT

Originaltitel: Tomislav Ivančić
Gott verändert
Grafocommerce, Salzburg, 2005©
Druck: Teovizija, Zagreb, Kaptol 13

Herausgeber:

www.grafocomerce.at

ISBN: 3-902521-11-2

TOMISLAV IVANČIĆ

GOTT VERÄNDERT

5. Auflage

Salzburg
2007

Inhaltsverzeichnis

Einführung

Schon lange besteht der Wunsch nach einer dritten Auflage des Buches „Gott verändert". Von vielen Seiten kamen diese Anfragen, da sowohl Einzelne wie auch ganze Gebetsgruppen, Leiter von Seminaren und Hagiotherapeuten das Buch sehr hilfreich fanden. Da es dem Verleger der ersten beiden Auflagen nicht mehr möglich war, das Buch neu herauszubringen, hat „Grafocommerce, Salzburg" angeboten, die Neuauflage zu übernehmen.

Das Buch gibt den Inhalt des „Seminars für die Evangelisation der Kirche" wieder, das ich an der Technischen Universität in Wien 1993 gehalten habe. Bei diesem Seminar hat der Erzbischof von Wien, Kardinal Dr. Christoph Schönborn, nach der Begrüßung einen bemerkenswerten Vortrag gehalten. Das Seminar fand großes Echo, besonders bei der Universitätsintelligenz, was mit ein Grund war, das Seminar in Form eines Buches herauszugeben.

Das Buch ist also eine Niederschrift von Vorträgen, und darum ist auch hier der Redestil beibehalten. Aus diesem Grund konnten viele Gedanken nicht zu Ende ausgeführt werden, so dass manches fragmentarisch erscheint. Sowohl das Seminar als auch das Buch haben zum Ziel, die existentielle und geistliche Struktur des Menschen bewusst zu machen, damit auf dieser Ebene die Teilnehmer und Leser zum ursprünglichen Verständnis der christlichen Botschaft geführt werden, ebenso zu der Entscheidung, nach den Werten des Evangeliums zu leben. Verkündigung und Gebet dienen gemeinsam dazu, die Menschen zur christlichen Glaubenserfahrung zu führen und besonders die existentielle und persönlich gnadenvolle Begegnung mit Jesus Christus geschenkt zu bekommen. In diesem Sinne zeigt das Buch nicht nur neue Visionen des Lebens auf, sondern es dient dazu, das Gewissen zu reinigen, die Konflikte und Traumata der geistlichen Seele zu heilen, die Menschen von Abhängigkeiten zu befreien und neue Lebensperspektiven zu eröffnen.

Voll Vertrauen übergebe ich also die im Buch enthaltenen Gedanken an Herausgeber und Leser in der Hoffnung, dass sie zahlreichen Menschen helfen werden, ihre Trauer zu überwinden. Wir alle mögen erkennen, wem wir gehören, woher wir kommen und was unser Ziel ist. Möge der Segen des Himmels auf jedem Einzelnen ruhen, der sich mit Hilfe dieses Buches auf den Weg in eine bessere Zukunft der Welt begibt.

Der Autor
Ostern 2003

1. Mehr als ein paar Fragen

Es ist für mich eine Ehre, zusammen mit Ihnen jetzt zum lebendigen Gott gehen zu können. Es freut mich, dass Sie sich jetzt Zeit nehmen, einen geistigen Urlaub zu machen. Unser Körper kann sich vielleicht immer wieder ausruhen, der Geist aber bleibt unruhig, bis er die Ruhe in Gott findet. Deswegen entsteht die beste und tiefste Erholung da, wo der Mensch den Sinn des Lebens findet. Und Sinn des Lebens ist der Schöpfer, der mich geschaffen hat. Das Wichtigste im Leben ist es eben, Gott zu finden. Denn alles, was wir tun in diesem Leben, ist sinnlos, wenn wir Gott nicht finden.

Stellen wir uns diese Fragen:

Wozu muss ich leben?
Warum muss ich sterben?
Wohin geht man im Tod?
Was ist eigentlich der Tod?
Ist er ein Anfang oder ist er ein Ende?

Von woher kam ich zur Erde?
Wir wissen nicht woher, wir wissen nicht wohin,
wir wissen nicht warum.
Warum muss ich leben?

Und wenn wir weiter fragen:
Warum muss ich dann leiden,
vielleicht sogar schrecklich leiden?

Warum bin ich so allein?
Denn niemand kann bis in meinen Tod hineingehen.
Wenn ich leide, dann leide ich ganz allein.

Worauf beruht eigentlich diese Erde, diese Welt?
Was ist das Weltall?

Gibt es Gott wirklich oder gibt es ihn nicht?
Was wird mit mir sein?

Kann man eigentlich ganz gesund werden?
Kann man überhaupt ein Mensch werden?

Das sind die tiefsten Fragen unseres Lebens. Wenn wir aber diese Fragen nicht beantworten, hängt unser Leben buchstäblich in der Luft. Dann gehen wir nirgendwo hin, dann kamen wir von nirgendwo her.

Man kann sagen, Gott sollte eigentlich im Grunde Objekt jeder Wissenschaft und jeden Suchens in unserem Leben sein. Denn nur Gott ist Grund meines Lebens! In Gott bin ich! Gott ist meine Frage! Gott ist meine Vergangenheit und meine Zukunft.

Wozu die ganze Wissenschaft, wenn es Gott nicht gibt,
und wenn ich morgen wieder in nichts eingehe?

Hat die Welt Zukunft?
Oder kommt ein Atomkrieg, in dem alles vernichtet wird?

Gibt es eine große Hoffnung,
oder leben wir ohne Hoffnung?

Ich will damit sagen, wir berühren in diesen Fragen die grundlegenden Wahrheiten des Lebens. Denn ruhig, glücklich und menschlich können wir ohne diese Wirklichkeiten nicht leben. Wir brauchen Gott, um das Leben genießen zu können. Wir haben so viel in dieser Welt, aber wir können nicht glücklich sein. Selbst wenn wir körperlich etwas genießen, im Geist oder in der Psyche aber darunter leiden, dann können wir nicht genießen. Vieles ist uns eigentlich genommen, weil wir mit Gott, dem Grund des Lebens nicht im Einklang leben. Die Welt jedoch ist uns gegeben, um sie zu genießen, und um wirklich glücklich zu werden.

Deswegen wollen wir in diesen Tagen zu suchen beginnen. Den Grund des Lebens findet nur, wer sucht, und nicht wer meint, ihn schon gefunden zu haben. Denn Gott kann man nicht finden, man kann ihn nur suchen! Er ist unermesslich und unerschöpflich. Wenn du Gott schon gefunden hast, dann hast du ihn nicht. Wenn du aber auf der Suche bist, dann bist du immer bei Gott. Nur die Suchenden finden Gott und sind mit ihm.

Heiligen Geist haben nur jene, durch die er fließen kann. Der Geist Gottes ist das lebendige Wasser, ist wie das Wehen des Windes. Und er ist Liebe. Indem ich die anderen liebe und der Geist von Gott her durch mich zu den anderen kommen kann, bin ich von ihm erfüllt. Der Heilige Geist braucht immer "ein geistliches Bachbett", durch das er fließen kann.

Hast du heute schon gelebt?

Stellen wir uns noch weitere Fragen:

Hast du heute schon gelebt?
Wohin gehen deine Tage und deine Nächte?
Wohin gehen deine Wochen und Jahre?
Wie viele Jahre hast du noch zu leben?
Oder hast du noch gar nicht angefangen zu leben?

Gehen deine Tage vielleicht nur hin, in nichts hinein?
Oder gehst du in ein Leben hinein?

Gott ist der Grund unseres Lebens. Du kannst nicht immer mit deinem Glauben im Leeren hängen. Du brauchst einen Boden, du brauchst Felsenboden. Dann kannst du getrost zur Kirche gehen. Ohne diesen lebendigen Grund wirst du zum Gottesdienst gehen, weil du den Eindruck hast, es muss so sein. Aber in die Kirche geht man nicht, weil man muss. Kein Polizist drängt dich dazu. Zur Kirche geht man, weil man darf. Man geht nicht, um nur etwas zu erfüllen. Wir gehen, um zu leben, um gesund zu werden, geistlich gesund zu werden, und um frei zu werden!

Ich glaube an Gott, nicht weil ich es muss. Ich bin nicht Priester geworden, weil ich das tun musste. Nein, ich bin froh, dass ich Priester bin.

Glücklich kann man nur werden, wenn man wirklich mit Gott in Berührung kommt, wenn man wirklich den Grund des Lebens hat, wenn man wirklich am Suchen zu Gott hin ist. Dann weiß man, immer ist man auf dem Weg hin zu Gott! Dann sieht man das Ziel, sieht man den Sinn!

Jeder Mensch leidet. Es gibt keinen Menschen, der nicht irgendwie leidet. Der Reiche und der Arme leiden, innerlich oder äußerlich. Wir alle leiden! Derjenige, der im Krieg ist, wie jener, der ohne Krieg ist. Auch wer im Frieden lebt, leidet: Denn jeder weiß: morgen bin ich tot!

Morgen vielleicht geht dein Leben zu Ende. Aber wohin? Du spürst ja: Alles, was du hast, hat keinen Sinn, wenn es dich morgen nicht mehr gibt. Wozu dann dein Haus? Wozu deine Wohnung, dein Geld, dein Auto? Wozu auch dein Körper, wenn es doch morgen keine Zeit mehr gibt?

Darauf also wollen wir uns in diesen Tagen besinnen. Denn irgendwie fließt uns immer etwas Leben aus. Es fehlt uns immer etwas von dem, das am wichtigsten ist. Wir leben - einfach körperlich. Wir arbeiten Tag und Nacht für unseren Körper, um ihn zu erhalten. Wir leben miteinander, jedoch nur psychisch. Im Geiste sind wir noch immer Anfänger. Wir meinen, wir wüssten schon alles. Aber in Wirklichkeit wissen wir zu wenig!

Der Sinn des Lebens steht immer wieder aus, und das tut weh. Fragen wir also weiter:

Was ist eigentlich nach dem Tod?
Warum können wir nicht auch über diese "Mauer" sehen?

Warum weiß man nicht, woher die Kinder zur Welt kommen?
Warum weiß man nicht, warum ausgerechnet ich lebe?
Wer hat mich gezwungen zu leben?

Wir stehen wieder und wieder am Anfang. Und darum wollen wir den Boden unter unseren Füßen tief umgraben. Dann erst können wir alles andere genießen. Denn wir sind in die Welt gekommen, um in Freude zu leben. Auch Jesus ist gekommen, um eine Frohe Botschaft zu bringen, nicht eine drohende. Er ist gekommen, um uns zu befreien. Und doch erleben wir Krankheiten, so viel Schweres belastet uns. Wir haben somatische Krankheiten und wir versuchen sie zu heilen. Wir haben auch psychische Krankheiten und auch sie versuchen wir zu heilen. Und wir haben auch pneumatische, also geistliche Krankheiten, und kaum jemand heilt sie. Auch die Kirche heilt sie zu wenig. Daher fragen wir:

Woher kommen die Krankheiten?
Woher kommt das Leid?
Wer ist der Autor dieser Welt?

Es ist uns gesagt worden, wenn wir mit Jesus verbunden sind, hat er Autorität und Kraft über unsere Krankheiten. Warum aber sind wir mit ihm nicht verbunden?

Deine Bibel steht vielleicht immer noch im Regal und wartet auf dich. Hast du sie schon durchgelesen, zumindest das Neue Testament?

Die Bibel lehrt uns, dass eigentlich alle Krankheit aus dem geistlichen Bereich kommt, dass fast alle Krankheiten im Soma und in der Psyche nur symptomatisch sind. Ihre Ursache aber haben sie im Geist. Die Sünde, die Feindschaft gegen Gott, lässt uns ohne Kraft zurück, und so verfallen wir dem Tod und der Krankheit.

Die Kirche betreibt nur allgemeine geistliche Medizin. Wir brauchen aber spezifische Medizin. Wir brauchen Spezialisten auf diesem Gebiet. Warum können wir die körperlichen Kranken in das Krankenhaus bringen, die psychisch Kranken an die Psychiatrie, die geistlich Kranken aber nicht in die Kirche? Die Kirche hat nämlich Gottes Kraft, um die Herzen der Menschen zu ändern und von Bosheit zu heilen. Es ist doch auch die Frage berechtigt:

Warum ist der Mensch böse?
Woher kommt die Bosheit?

Bosheit ist auch eine Krankheit. Der Mensch wird böse, wenn er nicht geliebt wird, wenn er unsicher und ohne Boden ist. Er protestiert, er hasst! Er kann wie besessen aussehen. Das ist eine Krankheit, eine Wunde in seinem Geist.

Dies alles wollte ich jetzt zu Beginn andeuten, damit du siehst, wohin wir in diesen Tagen gehen wollen. Es wird so ähnlich sein wie bei Exerzitien. Meistens ist es ja so, dass die Menschen in der Kirche zu wenig von dem haben, das sie stärkt, um in der Welt Zeugnis ablegen zu können. Wir Priester haben jeden Tag die Messe, die Betrachtung und auch das Gebet. Auch haben wir monatlich verschiedene Möglichkeiten zur Erneuerung, und jedes Jahr Exerzitien. Aber die Laien, was haben sie? Wir Priester jedoch brauchen gute Leute, um mit ihnen gemeinsam zu arbeiten. Sie jedoch stehen ohne Stärke und ohne Kraft in einer schwierigen Welt. Darum braucht jeder regelmäßig so etwas wie Exerzitien.

Das Modell eines solchen Seminars für die Evangelisierung hat bei uns in Kroatien der Erzbischof von Zagreb, Kardinal Kuharić, injiziert. Er hat mich bereits 1979 eingeladen, solche Seminare zu halten. Diese sollten den Christen die grundlegenden Wahrheiten und Wirklichkeiten eröffnen. Und den Atheisten sollten sie auch helfen, eine wunderbare und tiefe Entdeckung in ihrem Leben zu machen.

Das heißt nun, dass ein solches Seminar auch für Atheisten geeignet ist. Zuerst eigentlich ist es für die Atheisten und dann erst auch für diejenigen, die glauben, dass sie glauben. Denn man sagt manchmal: Wer ein guter Christ sein will, muß zuerst Atheist werden. Was meint man damit? Einerseits, dass man sich von vielen Götzen loslösen soll, andererseits aber auch, dass Atheisten eigentlich oft suchende Menschen sind. Denn Atheismus ist eigentlich eine geistliche Unruhe, in welcher der Mensch eine scheinbare Sinnlosigkeit des Lebens zeigt und lebt.

Die ersten Christen wurden Atheisten genannt, denn sie haben alle anderen Götter abgeschafft und nur Jesus Christus, einen Menschen, der ans Kreuz geschlagen wurde, Sohn Gottes genannt. Sie haben sich also von allen römischen und griechischen Göttern abgewandt. Sie mußten so zuerst Atheisten werden, damit sie Christen werden konnten. Und auch in unserem Leben gibt es so vieles, was wirklich Götzendienst ist.

Denke nur daran, wo du in deinem Leben oft wie an Götzen gebunden bist: An deinen Ehepartner, an deine Kinder, an deine Arbeit, an dein Geld und an vieles andere! Wir haben immer Angst, etwas zu verlieren. Aber alles, was du nicht verlieren willst, ist dein Götze. Der Götze aber richtet dich zugrunde und bringt dich um!

Nur Gott gibt dir das Leben. Denn der Götze ist nur Schöpfung, und jede Schöpfung ist begrenzt. Gott ist aber unbegrenzt. Er braucht dich nicht. Er liebt dich nur! Er will sich nur dir geben. Darum kann nur Gott das Leben und die Freiheit geben. Ein Götze kann das nicht.

Irgendwie sind aber auch wir Atheisten. Was aber heißt das? Die Antwort lautet: In der Tiefe meiner Seele sehne ich mich nach Gott! Ein Atheist nun ist jemand, der glaubt, dass es Gott nicht gibt. Und indem er dies glaubt, hat er sogar einen Grund dafür. Er muss sogar Gründe haben! Vielleicht ist es das Leiden in der Welt, vielleicht wurde er verletzt - in der Kirche, zu Hause oder sonst irgendwo. Und deswegen glaubt er, dass es Gott nicht gibt. Ohne Gott aber verliert man das Leben. Darum schreit der Atheist in der Tiefe seines Herzens nach Gott. Er braucht Gründe, um glauben zu können: Gott liebt mich!

Gott existiert! Und daher will ich versuchen, die Gründe zu "entdecken" und jedem Menschen zu ermöglichen, mit Gott in Berührung zu kommen. Wie wichtig das ist, können wir auch anhand von einem Beispiel sehen:

Warum scheiden die Menschen die Ehe? Weil sie genug Gründe haben, um zu glauben, sie werden von ihren Ehepartner nicht geliebt. Sie glauben das. Vielleicht haben sie genug Verletzungen in der Ehe erfahren, so dass sie sagen: Nein, ich glaube nicht mehr! Er/Sie liebt mich nicht mehr! Wenn diese Wunden aber geheilt werden, dann sieht man plötzlich: Ich bin doch geliebt! Und dann lebt man wieder von neuem diese Ehe.

So ist das also in unserem Leben. Deswegen versuchen wir in diesen Tagen, unseren Glauben heilen zu lassen und in größere Tiefen zu gelangen.

Liebst du dich?

Jetzt ist es wichtig, einige praktische Dinge zu sagen. Wie bereits gesagt, ist dieses Seminar so etwas wie Exerzitien. Diese Tage sind, wenn ich es so sagen darf, als würdest du im Krankenhaus liegen mit einer großen, tiefen Krankheit. Nach einigen Tagen wirst du gesund sein. Du wirst im Laufe dieser eine sichtbare Änderung erfahren. Wenn du nicht glauben kannst, dass dies möglich ist, dann fotografiere dich heute und am Ende dieses Seminars noch einmal. Vergleiche anschließend die beiden Fotos.

Du wirst erkennen, man sieht sogar von außen schon, dass du anders geworden bist. Und wenn du zur Arbeit gehst, wirst du von deinen Kollegen gefragt werden: Was ist denn mit dir los? Du siehst so schön aus! Du strahlst so! Bist du wieder verliebt?

Immer wieder erzählen mir die Leute nach den Seminaren von solchen Begebenheiten.

"Verliebt", das ist wirklich das passende Wort! Denn wenn du Gott als eine Person begegnest, bist du verliebt. Und das strahlst du auch aus. Aber dann sind nicht nur dein Geist und deine Psyche neu, auch dein Körper ist neu! Darum ist es notwendig, den ganzen Kurs vollständig mitzumachen. Denn du kannst auch nicht ins Krankenhaus zu einer schweren Operation kommen und schon am Tag danach nach Hause gehen. Das wäre zu früh. Darum also sind mehrere Tage für ein solches Seminar wichtig.

Ein Seminar ist nicht etwas, wo man nur Vorträge hört. Es geht dabei nicht so sehr um Wissen, sondern um Praktizieren.

Wir sollen Praxis vermittelt bekommen. Denn vielleicht wissen wir schon viel, haben aber nur wenig Praxis. Unsere Erfahrung in dieser Hinsicht ist oft so, dass wir zuhören und dann nach Hause gehen, um zu sagen: Das war eine gute Predigt! - Und dann ist Schluss! Aber in einer guten Predigt hat der Priester vielleicht gesagt: Du sollst vergeben! - Dann aber gehe bitte und vergib! Erst dann war es eine gute Predigt! Wenn ich nur den Prediger rühmen kann, dann war es keine gute Predigt. Wenn mich diese Predigt aber verändert hat, dann war es eine echte Predigt. So etwas brauchen wir! In die Kirche gehen wir, um verändert zu werden, um neu zu werden, um befreit zu werden, um gesund zu werden! Wenn du von der Kirche etwas haben willst, dann beginne heute. Du darfst diese Talente ausgraben, diese wunderbaren Kräfte der Liebe und des Lebens. Das steckt in dieser Grube, wie man die Kirche nennen könnte.

Das alles wollen wir in diesen Tagen tun. Das erste Prinzip also heißt: Verweile! Du sagst jetzt vielleicht: Aber morgen muss ich zur Arbeit, das kann ich nicht!

Denke daran, einmal in deinen Leben für dich zu leben. Fange an, dich zu lieben.

> *Was ist für dich das Wichtigste im Leben?*
> *Oder wer ist für dich der/die Wichtigste?*

Du weißt, die frommen Leute sagen, Gott sei das Wichtigste. Die Antwort darauf lautet: Ja und nein! Andere sagen, wichtig sei eigentlich die Gesundheit. Aber wozu? Wieder andere sagen, wichtig sei es, eine gute Wohnung zu haben, gute Beziehungen zu haben, alles zu haben.

Das Wichtigste im Leben bist du! Jesus sagt: Was ist ein Mensch, wenn er alles bekommt, aber sein Leben oder sich selbst verliert (vgl. Mt 10,39). Du bist der/die Wichtigste!

Aber meistens meinst du: Ich muß die anderen lieben, ich muß Gott anbeten, ich muß das und jenes tun. Aber was hast du dann?

> *Liebst du dich?*

Das Wichtigste bist du! Denke daran, Jesus Christus ist nicht gekommen, um Gott zu retten, sondern um dich zu retten. Er ist gekommen, um sein Leben für uns zu geben, das Leben für dich zu geben. Das heißt, du bist wichtig! Wenn du dir nicht wichtig bist, dann ist dir Gott auch nicht wichtig. Atheismus ist oft ein Symptom, dass der Mensch sich selbst nicht liebt. Wenn ich anfange, mich zu lieben, dann muss ich sofort überlegen: Wer kann mir das Leben erhalten? Wer kann mich retten vor der Zerstörung meines Lebens? Dann sehe ich sofort, dass dies ein absolutes Wesen sein muss. Das kann nur Gott sein! Dann sehe ich: Ich brauche dringend Gott, weil ich leben will. Dann suche ich Gott wirklich mit meiner ganzen Seele, mit meiner ganzen Vernunft und Kraft, mit allem in mir. Ich brauche Gott! Alles ist mir unwichtig, wenn ich Gott nicht habe. Zuerst jedoch muss ich an der

Reihe sein, um Gott anbeten und suchen zu können. Dazu brauche ich mich! Deshalb noch einmal die Frage:

Liebst du dich wirklich?

Das ist die wichtigste Frage. Wir versuchen uns immer zu wehren gegen die Kritik der anderen. Wir versuchen immer vor den anderen gut auszusehen. Wir versuchen alles gut zu machen, aber wir verlieren uns dabei. Manche sagen: Wäre ich doch wie die Kleine HI. Therese. Das wäre schon etwas! Oder wenn ich wie dieser oder jener Präsident wäre, das wäre schön! Aber "Ich" zu sein, das ist am schwierigsten.

Hast du dich gern?

Wie kannst du von den anderen verlangen, dich zu lieben, wenn du dich selbst nicht liebst. Wenn ich mich liebe, dann weiß ich, dass ich nicht leben kann, ohne die anderen zu lieben. Dann weiß ich, ich kann nicht hassen. Denn dann bin ich verloren. Wenn ich stehle, dann zerstöre ich mich selbst! So dumm werde ich nicht sein. Aber ich will doch leben!

Liebst du dich?
Kennst du dich?
Hast du dich im Spiegel schon angesehen?
Wie siehst du aus?
Hast du auch deine Gedanken, deine Gefühle,
alles was tief in dir steckt, schon einmal angesehen?
Kennst du deine tiefen Sehnsüchte?
Was willst du in deinem Leben?
Hast du darüber schon nachgedacht?
Liebst du dich?

Wir sind meistens egoistisch. Wir wollen unser Leben ausnützen, anstatt es zu retten. Das ist Egoismus! Ich will aus meinem Leben einen Genuss und eine Lust machen. Deswegen zerstöre ich mich. So zum Beispiel sind Zigaretten, Alkohol oder Sex oft Lust, die mir schadet, wenn ich sie in einer Form nehme, die mich zerstört. Alles, was Gott geschaffen hat ist gut. Aber wenn du dich selber dadurch zerstörst, wenn du dadurch in Sünde fällst, wenn du Negatives tust in deinem Leben, in deiner Sexualität, in deiner Erotik, in deinen Gefühlen, in deiner Arbeit, in deinem Leben, dann bist du nicht mehr glücklich. Dann lebst du nicht mehr! Auch indem du jemanden hasst oder indem du gegen jemanden negativ sprichst, bist du unmenschlich geworden. Das heißt, du bist Unmensch, du bist nicht mehr Mensch. Du hast dich selbst umgebracht.

Darum die fundamentale Frage: Liebst du dich?

Wenn du dich liebst, bist du frei von allem. Dann bist du an Gott gebunden. Dann weißt du: Ich lebe! Mich kann niemand töten. Jemand kann nur das Funktionieren meines Körpers stören, mich aber nicht töten. Ich lebe weiter. Ich bin dann unsterblich. Wenn ich aber in der Sünde stecke, wenn ich im Negativen bin, wenn ich hasse, wenn ich unmenschlich bin, wenn ich meine Menschlichkeit zertreten habe, dann bin ich eigentlich verloren. Denn dann lebe ich nicht mehr, habe ich keine Zukunft, dann liebe ich mich nicht.

Darum auch unsere Frage: Willst du leben, auch nach hundert Jahren noch? Werden wir uns sehen? Wenn du dich liebst, dann werden wir uns sicher sehen und über deine Erfahrungen in diesem Seminar plaudern. Und dann werden wir feiern! Wenn du dich aber nicht liebst, wo wirst du dann bleiben? Darum ist es gut, heute schon zu sagen: Gut, ich fange an, mich zu lieben.

Kennst du eigentlich deinen Namen?
Wie heißt du?
Wie siehst du aus?

Bist du Mann oder Frau?
Wie alt bist du?
Was hast du bis heute gemacht?
Wo sind deine Unzufriedenheiten?
Mit welcher deiner Vergangenheiten bist du zufrieden?

Was möchtest du werden?
Wohin möchtest du gehen?

Das sind so viele Fragen. Aber sie wollen alle zusammen nur eines wieder beleben: Du bist wichtig!

Das Seminar ist nur für dich. Es geht dabei nicht darum, kirchlicher oder frömmer zu werden. Nein, es geht darum, dich selbst lieben zu lernen. Denn du bist wichtig! Gott braucht keine Rettung. Er ist gerettet. Er lebt! Aber wir brauchen Rettung. Und Gott weint nach dir. Er möchte immer mit dir leben. Denn du bist sein geliebtes Kind. Er sehnt sich nach dir.

Warum sehnst du dich nicht nach dir? Denke daran, die einzige Chance im Leben bist du. Nur wenn du lebst, kannst du alles haben: Ewiges Leben, Gott, Genießen, Feiern! Wenn du aber dich nicht hast, hast du nichts, nicht einmal Gott. Sei ehrlich, nicht einmal dieses Leben hast du!

Es wäre heute gut, als Hausaufgabe einen Brief "an dein verlorenes Ich" zu schreiben, an deine Seele, die vielleicht weint und schluchzt, und jeden Tag Tränen vergießt, weil du sie nicht liebst. Oder vielleicht bist du zu oberflächlich oder zu einseitig. Vielleicht liebst du nur deinen Körper. Aber du bist auch Geist. Oder du liebst nur deine Psyche, aber du bist auch Körper. Mensch bist du nur als eine Ganzheit: Leib, Geist und Seele. Du sollst nicht nur für deinen Körper arbeiten, nicht nur für deine Psyche oder nur für deinen Geist. Dein Körper und deine Seele und dein Geist, alle sind wichtig. Denn du bist das alles zusammen!

Ich möchte am Anfang schon sagen: Entscheide dich für diese Tage! Du wirst es nie bereuen! Es wird sich lohnen, wenn du dir ein paar Tage für dich nimmst, um eine Tür aufzumachen, durch die du endlich ins Licht und ins Leben hingehen kannst. Es wird sich lohnen, wenn du endlich einmal deine ganze Vergangenheit hinter dir lassen kannst und wenn du sicher sein kannst: Meine Vergangenheit kann mich nicht mehr hindern, in die Zukunft zu gehen.

Tausende von Menschen, die auf solchen Seminaren gewesen sind, sprechen davon, wie herrlich es nachher ist, zu leben. Sie sprechen von Glück, von einer neuen Perspektive, von einem Sinn des Lebens, von einem Ziel, von Sicherheit, von Befreiung, von Heilung.

Erinnern wir uns daran, dass wir zu einseitig leben. Wir leben nur von der Erde. Wir sehen nicht ein, dass wir auch von oben leben. Auf der Erde sind nur unsere Wurzeln, aber die Sonne und die Wolken sind oben, und sie hängen von Gott ab. Die Sonne und die Wolken unseres Lebens kommen von oben. Unser Körper lebt von der Erde her. Unsere Psyche lebt von den Menschen her. Wir brauchen Menschen und Liebe. Aber unser Geist lebt von dem einzigen, absoluten Geist, von Gott. Wir brauchen Gott, er ist unser Vater.

Also entscheide dich heute erstens, dich zu lieben. Und schreibe bis spätestens heute abend einen Brief an dich. Und sage dir einfach: Endlich fange ich an, mich zu lieben! Nenne dich beim Namen. Sage wirklich: Gott hat mich mir gegeben! Frag dich: Wie sehe ich aus? Was ist meine Perspektive? Wie ist meine Zukunft? Sage ruhig zu deinem Körper und zu deiner Psyche: Ich liebe dich. Du bist mir wirklich so wertvoll wie ein Schatz. Mache das heute, und du wirst sehen, schon das allein wird dein Leben ganz verändern.

Warum sind wir so ernst? Warum sind wir so traurig? Warum sind wir tragisch? Warum sind wir so leidend? Unsere Seele weint, weil sie nicht geliebt ist. Sie ist hungrig und durstig nach der Liebe.

Dann ist es zweitens gut, bei diesem Seminar ein Notizheft zu haben. Wir machen immer wieder einige praktische Übungen. Manchmal ist es vielleicht ein Wort, das dich besonders trifft.

Schreibe es auf! Durch dieses Wort wirst du wie über eine Brükke zum Leben kommen können. Dann brauchst du auch die Bibel. Denn dieses ist ein katholisches Seminar. Das heißt: Es handelt sich hier um ein Angebot der Katholischen Kirche. Wir wollen damit allen Menschen zeigen, was wir in unserer Kirche haben, welch wertvollen Reichtum für die Menschen wir besitzen. Ich will ihnen zeigen und anbieten, wie sie zu Gott kommen und befreit leben können. Deswegen brauchen wir auch die Bibel. Wenigstens das Neue Testament zu haben ist notwendig.

Und drittens ist es gut, auch zu wissen, dass es hier nicht um körperliche Heilungen geht. Jesus Christus ist nicht gekommen, um den Körper zu heilen. Dazu hat uns Gott Krankenhäuser und Ärzte gegeben. Gott ist auch nicht gekommen, um die Psyche zu heilen. Dazu haben wir Psychiater. Er ist aber gekommen, um den Geist zu heilen. Und darum hat er eine dritte Klinik geschaffen - das ist die Kirche. Sie heilt den ganzen Menschen. Sie heilt ihn moralisch, sie heilt sein Gewissen, damit er ein neuer Mensch sein kann; damit er nicht hassen muss, sondern lieben kann; damit er nicht ein Feigling sein muss, sondern ein Mensch, der Mut hat; damit er nicht in unruhiger Nervosität leben muss, sondern in Frieden; damit er nicht untreu sein muss, sondern treu sein kann. Aber das bekommt man nur von Gott her. Das alles haben wir in der Kirche. Sie ist diese Klinik. Rettung bedeutet eigentlich dasselbe, wie einen Menschen geistlich zu heilen, damit er ein guter, ein menschlicher Mensch sein kann.

Es geht hier also nicht um psychische und körperliche Heilung, sondern um geistliche Heilung. Dass manchmal zur geistlichen Heilung auch die körperliche Heilung dazukommt, ist normal. Verschiedene Krankheiten wurden geheilt, auch Krebs. Ich denke da an einen Mann, er ist Künstler und hatte Lungenkrebs. Er war zu einem Seminar gekommen, um sich auf den Tod vorzubereiten. In dem Moment, in dem er all den Seinen vergeben hatte und er sich Gott hingekehrt hatte, war die Ursache des Krebses einfach weg. Er lebt weiter schon seit 1986. Damals wurde er bei uns geheilt.

Jesus ist aber nicht gekommen, um den Körper zu heilen. Die körperlichen Heilungen waren nur ein Zeichen der Heilung des Geistes. Er tat das aus Mitleid. Zu einem körperlich Geheilten sagte er: Bitte erzähle es niemanden! Wenn er aber den Geist geheilt hatte, dann sagte er: Gehe nach Hause und erzähle den Deinen, was dir Gott getan hat.

Jesus ist gekommen, um uns zu heilen, um dich menschlich zu machen. Denn die moralischen Krankheiten sind am tiefsten. Denken wir an die Zeit des Krieges bei uns in Bosnien und Kroatien. Das war eine tiefe Krankheit, eine schreckliche Krankheit. Und gegen diese Krankheit kann niemand etwas tun. Wir können vielleicht die Menschen mit Waffen zwingen, still zu bleiben. Aber der Hass bleibt tief drinnen. Einen Menschen zu hassen, einen Menschen umzubringen, nur um sein Geld zu plündern oder um ein Gebiet zu erobern, das ist unmenschlich. Das ist eine tiefe Krankheit. Und wenn deine Ehe zugrunde geht, dann ist das eine Krankheit, eigentlich eine Ohnmacht, sich zu lieben. Wenn die Menschen miteinander nicht zusammenleben können, ist das eine Ohnmacht und eine geistliche Krankheit.

So schlage ich dir vor, ob du gesund bist oder krank, diese Tage einfach zu genießen! Erhole dich, ruhe dich richtig aus, schlafe ausreichend. Das Essen soll gut sein. Setze dich einfach hin, höre zu oder lese, und was dir gut tut, das nimm auf. Was dir nicht passt, das lasse weg.

Dann wirst du sehen: Langsam wird eine neue Welt in dich kommen. Was man durch den Geist bekommen kann, kommt nicht durch unsere Arbeit, sondern vom Annehmen. Wenn ein Künstler ein gutes Kunstwerk machen will, dann kann er sich nicht zwingen, um eine Eingebung zu bekommen. Die Eingebung kommt - plötzlich - und dann kann er alles tun. Er mag vielleicht ein guter, wunderbarer Handwerker sein, aber ohne Eingebung ist er nichts. Ohne Eingebung schafft er kein Kunstwerk.

Darum bitte ich besonders psychisch Kranke, immer Ruhe zu bewahren, in Frieden zu bleiben, auch weiter die Medikamente zu nehmen, die der Psychiater angeordnet hat. Dann werden auch sie einen Nutzen von dem Seminar haben. Sie werden auch gut zuhören, sich auf Gott richtig verlassen können und wirklich Stärkung und Heilung erfahren, besonders dann, wenn die Ursache, nämlich die Wurzel der psychischen Krankheit, im Geistlichen liegt.

Willst du Gott wirklich begegnen?

Jetzt wäre es vielleicht an der Zeit, einige Dinge zu überlegen. Nimm dir jetzt ein paar Minuten Zeit. Wenn möglich, schreibe in dein Notizheft, was dich bewegt.

Was hat dich motiviert, zu diesem Seminar zu kommen oder dieses Buch zu lesen?
Was erwartest du davon?
Was suchst du eigentlich?
Hast du dich mitgebracht?
Existiert für dich Gott?
Kannst du glauben, dass es Gott gibt?

Vergiss nicht, ob es Gott gibt, das kann man nicht wissen. Ob jemand dich liebt, kannst du nie wissen. Das kann man nur glauben. Gott ist die Liebe, darum kann man an ihn nur glauben! Das Wissen aber ist etwas, das in der Vernunft liegt. Deshalb haben wir die Wissenschaften. Diese gehen nach den Gesetzen der Natur vor. Aber das Leben entfaltet sich nach den Gesetzen des Glaubens. Dies ist ein anderes Gesetz. Kannst du also glauben, dass es Gott gibt? Oder glaubst du, es gibt ihn nicht?

Wenn dir jemand die Hand reicht, dann hast du schon einen Grund oder ein Zeichen: Der hat mich gern! Wenn dich mitten in der Stadt jemand grüßt, dann sagst du wahrscheinlich: Ja, das ist mein Freund! Und du glaubst, dass er dein Freund ist, weil er dir ein Zeichen der Freundschaft gegeben hat. Oder wenn dich jemand umarmt, dann ist das ebenso ein Zeichen. Dann sagst du: Er liebt mich! Dem bin ich sehr wichtig, der hat mich gern. Ein Zeichen kann natürlich auch falsch sein wie der Judaskuss. Aber durch jedes Zeichen kannst du Gründe haben, zu glauben.

Wenn du genug Gründe hast zu glauben, dass deine Mutter dich liebt, dann hast du im Leben Sicherheit. Wenn du Erfahrungen hast, dass deine Mutter dich nicht geliebt hat, dann bist du unsicher und unglücklich im Leben. Aber das kannst du nur glauben: Meine Mutter liebt mich.

Hast du genug Gründe zu glauben, es gibt Gott, oder kannst du sogar sagen: Ich bin ihm begegnet! Zu glauben, dass es Gott gibt, bedeutet auch, zu glauben, dass er jetzt hier in diesem Raum ist. Er steht jetzt vor dir. Du kannst ihn anschauen. Er ist Geist, aber auch du hast Geist. Nicht nur Psyche, sondern auch Geist bist du. Besonders wenn du Christ bist, hast du den Heiligen Geist in der Taufe empfangen. Er ist für dich wie das Telefon Gottes. Du hast durch ihn die Möglichkeit, mit Gott in Verbindung zu treten, wie du mit den Gedanken der Menschen in Verbindung treten kannst.

Wie ist das möglich? Unsichtbare Gedanken kannst du durch Deinen Verstand "sehen", wie du unsichtbare Stimmen durch Dein Ohr "sehen" kannst. So kannst du auch Gott "sehen", der unsichtbar für deine Augen ist, weil du noch eine Fähigkeit hast. Nicht nur Augen, nicht nur Ohren, nicht nur Verstand hast du, du bist auch Geist! Weil du aber Geist hast, deswegen kannst du mit Gott reden und mit ihm sein. Versuche heute noch, das zu tun.

Gott hat sogar menschliches Antlitz angenommen. Er ist Mensch geworden, um uns ganz nahe zu sein. Das bedeutet, du kannst ihn jetzt ganz menschlich berühren, sozusagen anschauen. Dein Geist registriert ihn. Geist ist dasselbe wie Liebe. Liebe ist etwas Geistliches, nicht etwas Materielles. Durch die Psyche sieht man die Liebe nur zeichenhaft. Die Liebe ist geistlich. Gott ist die Liebe, sagt man. Und Liebe ist unsichtbar. Doch jeder von uns hat Erfahrungen der Liebe und Erfahrungen des Hasses. Wie du Liebe erfahren kannst, so kannst du auch Gott erfahren.

Deswegen kannst du jetzt vor Gott sitzen. Versuche eine Minute lang, dir das bewusst werden zu lassen:

> *Ja, Gott ist hier. Ich glaube daran.*
> *Ich bin jetzt vor Gott.*
> *Versuche ihm zu sagen: "DU",*
> *wenigstens dieses "DU".*
> *Gott, du bist da!*
> *Du, der mich geschaffen hat.*
> *Du, von dem alles im Leben abhängt.*
> *Du bist da - vor mir.*

Mit Humor zu Gott

Versuche dich ganz ruhig zu sonnen vor seinem Angesicht. Vielleicht kannst du einmal die Menschen deiner Umgebung bewusst ansehen, damit du Gott leichter verstehen kannst.

> *Wie sehen sie aus?*
> *Wie reagieren sie, wenn du sie ansiehst?*
> *Sind sie zu streng? Oder zu ernst?*
> *Oder lachen sie dich an?*
> *Sind sie schlimm oder gut?*

Schau sie einfach an und dann frage dich: Ist Gott mir gegenüber besser oder schlechter als diese Menschen neben mir?

Er sollte besser sein. Wenn schon diese Menschen neben dir dich lieben, dich anlächeln, dann liebt dich Gott viel tiefer.

> *O Gott, du lächelst mich auch an.*
> *Du hast ein menschliches Gesicht angenommen.*

Kannst du glauben, dass Gott dich umarmt?

> *Ja, tut er das?* Ja
> *Lacht er dich an?* Ja
> *Ist er gut?* Ja

Es ist gut, von einem Gott, der bisher vielleicht für dich wie ein Richter war, überzugehen zu einem Gott, der dich liebt!

Mache Umkehr, denn Gott ist die Liebe. Kehre um von einem Gott, der irgendwie für dich tot war, zu einem Gott, der lebendig ist. Kehre um von einem Gott, der ein Objekt, ein "Er" war, zu einem Gott, der ein Subjekt ist, ein "Du", ein liebendes Herz. Kehre um von einem Gott, dem du Gebete rezitiert hast, zu einem Gott, mit dem du redest, dem du etwas sagst und von dem du dir etwas sagen lässt. Kehre um!

Gott braucht deine Gebete nicht. Aber du brauchst seine Stimme, sein Wort, seine Anwesenheit. Deswegen öffne dich ihm, wenn deine Sünden auch groß sind. Rede in deinem Gebet mit ihm.

> *Welche Sünden hast du?*
> *Hast du vielleicht Angst und sagst:* nein
> *Ja, Gott hat etwas gegen mich?* nein

Dann übergib ihm deine Sünden. Denke an den rechten Schächer am Kreuz (vgl. Lk 23,39-43). Bist du ein schlechterer Mensch als der rechte Schächer? Dieser hatte nichts Gutes getan, vielleicht nur gehasst und getötet. Und im Nu war er heilig geworden.

> *Was ist dann mit dir?*
> *Liebt dich Gott oder hasst er dich?* liebt
> *Was meinst du: Hat Gott dich gerne?* ja

Wenn du es noch nicht glauben kannst, dann schaue noch einmal auf die Menschen deiner Umgebung.

> *Wie sehen die Leute aus?*
> *Ist jemand da, der bereit wäre, dich umzubringen?*

Ich glaube nicht. Jeder liebt dich in seiner Tiefe, lächelt dich an. Sieh nur! Und dann schaue zu Gott:

> *Wenn sie schon nichts gegen mich haben, o Gott,*
> *dann hast du auch nichts gegen mich!*
> *Mit Vertrauen will ich jetzt zu dir,*
> *wie ein Kind, das vielleicht schmutzig ist.*

Aber den Schmutz wird Gott selber von dir entfernen. Erlaube es ihm. Gott ist gekommen, um dich gesund zu machen und glücklich zu machen. Gehe zu ihm!

> *Lacht dein Gott oder ist er todernst?* lacht
> *Streichelt dich dein Gott oder sagt er: Nein?* streichelt
> *Wie sieht dein Gott aus?* gütig

Mache Umkehr von Gott, dem Richter. Du brauchst den Gott der Barmherzigkeit. Dann wird er dich nicht hinrichten, sondern dir vergeben. Er will das tun, aber glaube, dass er dich liebt. Erlaube ihm, deine Sünden wegzunehmen. Erlaube ihm, dich anders zu machen, dich heilig, dich menschlich zu machen. Erlaube es ihm. Das kannst du selbst nicht! Er erwartet auch nicht von dir, dass du dich heilig machst. Keine Eltern erwarten, dass ein kleines Kind von drei Jahren sich selbst ernährt und pflegt. Das kann niemand erwarten. Warum sollte dann Gott von uns erwarten, dass wir uns selbst heilig machen. Aber wie ein Kind alles von den Eltern erwartet, so erwarten wir auch alles von Gott. Wenn ihr nicht wie die Kinder werdet, sagt Jesus, werdet ihr nicht in das Himmelreich eingehen können *(vgl. Mt 18,3)*. Erwarte von heute an, dass Gott dich liebt. Aber wirklich dich, nicht nur uns. Gott liebt dich!

Darf beim Beten auch gelacht werden?

Oder vielleicht kann dir auch das helfen: Könntest du Gott jetzt einen Witz erzählen? Hast du irgendwann Gott oder Jesus Christus schon einen Witz erzählt? Ich weiß, wenn man immer gut und fromm gebetet hat, dann meint man, dass Gott nur anbetungswürdig ist. Gott ist ehrwürdig, unbegrenzt, ewig, allmächtig. Gott einen Witz zu erzählen, das wäre doch ein Ärgernis, denkst du. Aber überlege: Wenn du einmal in den Himmel kommst, dann wird dich Jesus vielleicht fragen: Wie lange hast du in der Welt gelebt?

Und du wirst antworten: Ja, siebzig, achtzig Jahre...

Dann wird er sagen: Du hast mir nie eine Freude gemacht.

Du wirst einwenden: Aber warum, Jesus?

Und er: Nie hast du mir einen Witz erzählt! Anderen Menschen hast du etwas Lustiges erzählt, mir aber nicht!

So können wir sagen: Gott ist ganz Mensch geworden. Er ist uns in allem gleich, sagt der heilige Paulus, nur nicht in der Sünde. Indem du ihm alles erzählst, so wie du bist, übergibst du es ihm. Damit wird alles in dir geheilt. Auch dein Humor! Viele meinen, Gott gegenüber müsste man nur ernsthaft sein. Deswegen sind unsere Kirchen todernst geworden. Niemand lacht mehr.

Hat Jesus irgendwann gelacht? Ja, Jesus war ein sehr humorvoller Mensch! Denken wir nur daran, wie er nach der Auferstehung mit zwei Jüngern nach Emmaus geht *(vgl. Lk 24,13-35)*. Was macht er da?

Wovon sprecht ihr denn?, fragt er sie.

Und die beiden: Ja, weißt du es nicht?

Darauf er: Nein, ich weiß es nicht!

Er hatte "gelogen"! Und dann ließ er sich sogar alles genau erzählen und hörte zu. Dabei war doch Er das Zentrum des Geschehens in Jerusalem. Und dann sagte er: Nein, ich weiß es nicht. Das ist schön und humorvoll zu lesen!

Viele fragen: Warum steht nirgends in der Schrift, dass Jesus gelacht hat. Da kann ich nur raten, das Neue Testament genau zu lesen!

Bleiben wir aber bei den beiden, die nach Emmaus gingen: Es ist schon dunkel. Aber Jesus tut so, als wolle er weiter gehen. Er weiß es, dass er mit hineingehen will. Trotzdem tut er, als gehe er weiter. Humorvoll, was?

Und dann sagen die Jünger: Geh nur mit uns!

Und er sagt: Nicht doch!

Aber er weiß es, er "*muss*" mitgehen.

Irgendwie im Herzen musste Jesus oft lachen, mit den Kindern besonders. Denn Gott lacht immer. Bei Gott geht alles gut zu Ende. Nur der Teufel kann nie lachen. Der ist todernst. Bei ihm gibt es kein Ziel, gibt es kein Leben. Bei ihm geht alles zugrunde.

Lachst du im Leben oder bist du immer todernst?
Hast du Jesus irgendwann einmal einen Witz erzählt?

Bedenke, wenn Jesus mit den Kindern spielte, hat er dann auch nur Ernstes gesagt? Oder hat er gelacht, sie umarmt, geküsst, mit ihnen gespielt?

Deshalb darfst du ihm ohne Bedenken einen Witz erzählen! Ich erzähle das deswegen, weil ich schon oft erlebt habe, wie die Menschen eine Umkehr erlebten, nachdem sie Jesus einen Witz erzählt hatten. Sie erlebten wirklich eine geistliche Umkehr! Sie wurden neu!

Eine Frau sagte einmal in der ersten Pause eines Seminars: Ich gehe jetzt nach Hause!

Warum?, fragte ich. Es ist doch erst der Anfang des Seminars. Trotzdem, sagte sie. Ich gehe jetzt nach Hause, denn ich brauche kein Seminar mehr. Eigenartig, warf ich ein. Was ist denn los? Da erklärte sie: Ich habe eben Jesus einen Witz erzählt. Und da habe ich ihn so nahe erlebt, dass ich das nicht ausdrücken kann. Ich muss jetzt nach Hause gehen, um ihn zu genießen!

Oder als ich einmal in der Slowakei war, da saßen 1300 Leute in einem Saal. Aber sie waren alle sehr ernst. In der Zeit des Kommunismus hatten sie viel gelitten. Und ich erzählte ihnen und erzählte. Aber als ich ihnen sagte, sie sollten jetzt Jesus Witze erzählen, da waren sie empört: Gott Witze zu erzählen, was denkt denn der? Da hatte ich verstanden, was sie mir sagen wollten.

Deshalb musste ich es ihnen erklären, was es bedeutet, dass Gott uns auch Humor gegeben hat und jeder todernste Mensch auch eine Dosis davon besitzt. All das versuchte ich zu erklären, aber nur langsam wurden sie ein bisschen weicher. Als ich es dann aber wiederholte, sie sollten Jesus einen Witz erzählen, da wollten sie wieder nicht. Darum sagte ich: Gut! Dann warten wir eben bis morgen früh! Ich werde jetzt warten, bis ich sehe, dass alle Witze erzählen.

Und dann, nach einiger Zeit fing einer an. Und dann wurde es interessant! Der ganze Saal war plötzlich wie in Wellen von Lachen. Auf einmal spürten wir: Gott ist wirklich so nahe!

Wir dürfen wirklich anfangen, auch in der Kirche zu lachen. Einmal in der Messe wenigstens, vielleicht wenigstens am Schluss. Wir könnten vorschlagen, fünf Minuten Witze zu erzählen, damit die Leute wirklich mit der Freude Gottes nach Hause gehen können. Ich hoffe natürlich, dass sie richtig verstehen, was ich meine.

Ich selbst erzähle Gott natürlich auch Witze. Und deswegen kann ich sagen, dass es mich wirklich sehr tief zu Jesus gebracht hat. Auf einmal spürte ich, mein ganzes Innere ist bei ihm. Beim Gebet ist es eben nicht so wichtig, wie ich es ihm sage, und was ich ihm sage, sondern was er mir auf mein Gebet antwortet. Darum muss man ihm nur wenig sagen und dann darauf warten, wie er reagiert. So darfst du ihm auch Witze erzählen und darauf achten, ob Jesus auch lacht.

Versuche auf diese Weise zu einem lebendigen Gebet überzugehen. Du wirst dann auch leichter spüren können, wie Gott lebendig ist, wie Menschwerdung wirklich ernst zu nehmen ist. Gott gehört nicht nur in die Kirche. Gott gehört der ganzen Welt, dem ganzen Weltall. In der Kirche ist nur einer von mehreren Orten und nur eine von vielen Stellen, wo wir all seinen Reichtum finden können, aus dem wir leben.

Gut, und jetzt warten wir, bis du deinen Witz an Jesus übergeben hast.

Versuche, auf diese Weise zu beten. Das ist auch ein Gebet, ein Gespräch mit Gott. Erzähle ihm etwas Schönes, etwas Humorvolles, etwas Menschliches! Stelle dir vor, du bist wie der heilige Petrus und der heilige Johannes. Sie waren auch nicht wie tote Menschen, und haben auch nicht irgendetwas heruntergeratscht. Sie sind ganz normal zu Jesus gekommen. Er ist derselbe Jesus heute unter uns.

Natürlich ist es auch notwendig, in der Kirche würdig und ernst zu sein. Aber wenn du allein mit Gott redest, dann kannst du ein ganz gelassener Mensch werden. Da gibt es die verschiedensten Möglichkeiten, mit Gott zu reden.

Zumindest etwas Schönes kannst du Jesus jetzt erzählen. Versuche es einfach! Dann wirst du sehen, welch schönes Gebet das sein kann. Danach wirst du auch den Rosenkranz ganz anders beten können, sogar mit Freude, oder das Vater Unser. Du weißt ja, Jesus ist vor dir, Gott Vater ist vor dir. Und darum kannst du zum Beispiel ganz einfach sagen: Jesus, ich möchte dir erzählen, was ich eben gehört habe.

Das Leidende in dir kennt Jesus schon sehr gut. Er möchte aber mit dir auch einmal lachen und Freude erleben. Versuche das bitte wirklich ernst zu nehmen. Es ist eine wunderbare Art, wie du zu wirklichem und lebendigem Gebet kommen kannst.

2. Kann man Gott wirklich begegnen?

Wie kann mit Gott überhaupt eine Begegnung geschehen? Das ist eine wichtige Frage. Sie kann mit einem Menschen geschehen, den ich sehe, oder ich kann jemandem begegnen, der dann mit mir geht oder mit dem ich sprechen kann. Aber kann man wirklich auch mit Gott sprechen? Und wenn schon, dann wie?

Das ist in einem Gleichnis vielleicht besser zu sagen:

Wir leben eigentlich "in drei Welten" oder besser gesagt in drei Phasen. Unser erstes Leben ist im Mutterschoß. Hier leben wir neun Monate hindurch. Das zweite Leben ist auf dieser Erde. Hier leben wir vielleicht achtzig Jahre, manche neunzig, andere dreißig Jahre. Und dann gehen wir in die dritte Welt, das ist die ewige Welt. Aber wir sind immer derselbe Mensch. Es ist interessant zu sehen, wie Gott das alles geregelt hat.

Ein Kind lebt neun Monate im Mutterschoß. Wenn wir dieses Kind nun fragen würden: Wo ist deine Mutter?, es würde ganz normal antworten: Mutter? Ich habe meine Mutter nie gesehen. Es gibt meine Mutter nicht!

Und wirklich, das Kind im Mutterschoß kann die Mutter nicht sehen. Aber wenn das Kind einmal geboren ist, wenn es aus der Welt des Mutterschoßes herausgekommen ist, dann kann es auf einmal der Mutter in die Augen schauen. So ähnlich ist es in dieser Welt. Wenn wir zu jemandem sagen: Kennst du Gott?, dann sagte er viel zu schnell: Nein, ich kenne Gott nicht!

Wer kann Gott jetzt schon sehen? Aber einmal werden wir geboren aus dem "Schoß" dieser Erde. Das nennen wir den Tod, aber eigentlich ist es die Geburt. Es ist nur die Frage, von welcher Seite wir es ansehen. Entweder von der Seite der Erde, dann ist es der Tod, oder aber von der Seite der Ewigkeit, dann ist es die Geburt. Wenn wir also einmal geboren werden aus dieser Erde, hinein in die ewige Welt, dann sehen wir Gott von Angesicht zu Angesicht. So sagt es uns die Heilige Schrift.

Es bleibt aber immer noch die Frage: Wie kann ich Gott schon auf dieser Erde schauen? Kann ich Gott begegnen? Fragen wir wieder das ungeborene Kind, wie es in dieser Phase seiner Mutter begegnen kann. Es wird wahrscheinlich keine Antwort wissen. Das Kind begegnet aber trotzdem der Mutter. Das sagen die Ärzte und sagen auch viele Mütter selbst. Wenn eine schwangere Frau die Hand auf ihren Bauch legt, dann tastet das Kind mit dem Kopf nach der Hand, um sich verwöhnen zu lassen. Es lässt sich streicheln. Das heißt, das Kind spürt die Hand der Mutter. Und wenn die Mutter froh ist, dann strampelt das Kind im Mutterschoß mit den Beinen. Es spielt und tobt mit Händen und Füßen. Und wenn die Mutter krank ist oder traurig, wenn sie leidet, dann leidet auch das Kind mit.

Wenn wir also fragen, wie das Kind erfahren kann, ob es die Mutter gibt oder nicht, dann denken wir an die Fähigkeit, den Kopf dort hinzulegen, wo die Hand der Mutter ist, oder dass es erlebt, was auch die Mutter erlebt. Das heißt, irgendwie leben sie zusammen. Deshalb kann das Kind irgendwie von der Mutter erzählen. Und wir wissen, das Leben des Kindes hängt ganz von der Mutter ab.

Wenn nun jemand, der die Mutter des Kindes kennt, von außen in den Mutterschoß hineingehen würde, um dem Kind davon zu erzählen, dass es eine Mutter hat, dann würde das Kind plötzlich staunen: Mensch, ich habe eine Mutter! Jener hat es mir gesagt, er kommt von draußen. Das Kind selbst aber könnte nicht nach draußen gehen. Mit zwei, drei oder vier Monaten kann es nicht geboren werden. Das Kind muss drinnen bleiben. Wenn aber jemand zu ihm kommt und ihm von seiner Mutter erzählt, dann glaubt, ja weiß das Kind: Es gibt eine schöne Mutter. Diese Mutter wird mich in die Arme nehmen, wenn ich hier in dieser Welt des Mutterschoßes sterbe. Eine gute Hand, meine Mutter, wird mich annehmen. Indem das Kind dies glaubt, lebt es die Zukunft schon. Es erlebt schon die Anwesenheit der Mutter. Und wenn jemand sagt: Du bist der Schatz deiner Mutter, dann freut sich das Kind: Mensch, ich bin wirklich der Schatz meiner Mutter! Meine Mutter ist da!

Das ist genau die Antwort auf unsere Frage. Du bist auf dieser Erde, und du weißt nicht, was draußen ist. Wir wissen nicht, woher wir in diese Welt kamen oder was nach dem Tod sein wird. Auch keine Wissenschaft kann das beantworten. Du kennst nur so viel, wie in dieser Welt ist.

Dazu sagt uns der heilige Paulus in seiner Rede in Athen (vgl. Apg 17,28): Wir sind in Gott, wir leben in ihm, wir bewegen uns in ihm. Also sind wir im Schoß Gottes hier eingewickelt. Wir sind alle in ihm. Seine Liebe, seine Sorge um uns ist eigentlich wie sein Schoß. Wir können also ganz einfach Gott begegnen auf dieser Erde, allein schon durch die Möglichkeit, zu ihm zu kommen, unseren Kopf dorthin zu legen, wo seine Hand ist.

Die Menschen werden daher glücklich durch das Gebet. Wenn man richtig betet, dann wird man wirklich glücklich. Eigentlich sind die Freuden, welche man im richtigen Gebet erlebt, etwas Göttliches. Sie sind die wunderbare Sicherheit: Ich bin Gott begegnet! Und indem man betet und Gottes Wort annimmt, spürt man sogar Gottes Sorge. Gott nimmt mich ganz auf, Gott nimmt mich ganz an, wie eine Mutter ihr Kind.

Ich habe vor einiger Zeit eine Mutter getroffen, die mir sagte, sie spreche regelmäßig mit ihrem ungeborenen Kind. Und manchmal kommt dann ihr Mann und fragt, mit wem sie denn eben gesprochen habe. Dann sagt sie, sie unterhalte sich mit dem Kind und sie spüre fast, wie das Kind dies versteht. So gibt es auch für uns etwas, das wir "die innere Rede Gottes" nennen. Das bedeutet: Gott spricht in meinem Herzen. Das ist so ähnlich, wie wenn das Kind die Worte der Mutter verstehen kann.

Oder wenn ich Gott wirklich meine Sünden übergeben habe, dann spüre ich eine Freude, dann spüre ich eine Freiheit. Jetzt kann ich mit Gott gehen. Das heißt aber auch, dass Gott froh ist! Wenn ich aber in der Sünde stecken bleibe, dann ist es, als ob Gott nicht mehr seine Hand auf meinen Kopf legen würde. Das kann man sogar spüren.

Das heißt aber auch, schon in dieser Welt kann man Gott erleben. Es ist schlicht das, was wir Religion nennen. Und die Religionen haben schon einige Erfahrungen mit Gott, ebenso wie das Kind im Mutterschoß. Aber sie sind nicht immer ganz sicher, denn die Religionen sind nur innerhalb der Erde. Die Religionen können uns deswegen nicht sagen, was draußen ist. Mohammed ist nur ein Mensch, Buddha nur ein Mensch. Konfuzius, Lao-tse und wie sie alle heißen, alle sind nur Menschen. Alle Heiligen sind nur Menschen. Deswegen können sie nur davon sprechen, was innerhalb dieser Erde ist, aber nicht davon, was außen ist. Dass ich aber dem Gott von außen begegnen kann, oder dass ich wissen kann, wer ist Gott, da muss jemand von außen zu mir kommen.

Es gibt nur einen Menschen in der Weltgeschichte, der von außen zu uns gekommen ist, und das ist Jesus von Nazaret. Er spricht davon, dass er von außen ist. Er ist Gott, also von außerhalb dieser Erde. Frei von der Erde, frei auch von der Sünde ist er zu uns gekommen. Er ist Mensch geworden. Er ist zu uns gekommen, um uns zu erzählen, was draußen ist. Das bedeutet, Informationen von draußen kann ich nur durch Jesus von Nazaret bekommen. Und seither wissen wir, was draußen ist. Wir wissen, was der Tod ist. Ich weiß, dass viele Menschen auf mich warten, wenn ich sterbe. Deswegen ist Sterben eigentlich Geburt.

Aug' in Aug'

Indem ich diese Informationen durch Jesus habe, kann ich also wissen, wie Gott ist. Da Jesus zu uns, zu mir, auf diese Erde gekommen ist, kann ich auch sein Gesicht sehen. Das heißt, dass es auch menschlich möglich ist, Gott zu begegnen.

Wie, fragt man immer wieder? Jesus ist Mensch geworden, er ist gestorben, aber wieder auferstanden. Was aber ist Auferstehung?

Unterscheiden wir: Es ist nicht dasselbe, was mit Lazarus oder dem Jüngling von Naïn geschehen ist. Das war etwas ganz anderes!

Einmal fragte ein Mann: Wenn Jesus auferstanden ist, warum haben wir ihn nach zweitausend Jahren auf der Erde noch nicht gefunden? Er muss doch irgendwo sein! - Warum sagte er das? Weil er meint, die Auferstehung Jesu ist mit der Auferstehung des Lazarus gleichzusetzen *(vgl. Joh 1 1,17-44)*. Aber Lazarus hat hier wieder gelebt und ist dann wieder gestorben. Die Auferstehung Jesu ist etwas ganz anderes! Lazarus ist nämlich belebt worden, er ist nicht auferstanden. Auferstehung ist eine Änderung der Seele und des Körpers des Menschen, sozusagen eine Vergeistigung.

Denken wir daran, wenn ein Mensch stirbt, dann bleibt sein Körper hier. Seine Seele geht aber wie durch ein Gitter, durch die Gitter des Todes. Diese aber bestehen, so scheint es, aus so feinen Maschen, dass durch sie kein Körper hindurchgehen kann. Deswegen musste Jesu Körper sozusagen vergeistigt, also geistig gemacht werden, damit sein Körper in einer neuen Qualität in die Ewigkeit, in die Trinität eingehen konnte. Und deswegen bleibt unser Körper hier, unsere Seele aber geht hindurch. Am jüngsten Tag aber kommen wir zurück und unser Körper wird vergeistigt. Dann begegnen wir Gott und gehen als volle, ganze Menschen in die Ewigkeit ein.

Es kann also deshalb nicht jeder Jesus sehen, da dieser verändert worden ist. Aber er ist derselbe Jesus wie vor der Auferstehung. Er isst sogar vor ihnen Fisch *(vgl. Lk 24,36-43)* und sagt: Betastet mich, ich bin kein Geist. Ich habe einen Körper! Und als er aß, sahen sie, dass der Fisch nicht hinuntergefallen war, sondern in ihm blieb. Er wollte ihnen einfach materiell zeigen, dass er einen vergeistigten, aber wirklichen Körper hatte, eine neue Qualität. Und in einem wirklichen Körper und einer wirklichen Seele, in einer wirklichen Menschlichkeit lebt er hier unter uns. Der Unterschied zwischen den Aposteln und uns, warum sie ihn sahen, wir ihn aber nicht sehen können, ist nur der, dass sich Jesus nicht mehr so wie früher zeigt. Damals brauchte er das, um ihnen zu zeigen: Das ist jetzt mein Auferstehungskörper.

Aber durch das Gebet und die Gnade können wir ihn fast tasten. Es ist anders, Jesus zu erleben, als zum Beispiel Gott, den Vater zu erleben, oder die Heiligen oder die Engel zu erleben. Jesus hat einen Körper, einen Leib. Und es ist anders, möchte ich behaupten, mit Gott dem Vater zu reden, als mit Jesus zu reden. Jesus ist ein Mensch wie wir. Ich kann mit ihm ganz menschlich reden.

Wenn ich nun von der Begegnung mit Gott rede, dann ist das immer über die Leiblichkeit, die Menschlichkeit und die Menschwerdung Jesu zu verstehen. Darum ist Begegnung der Christen in der Kirche mit Gott nicht dasselbe wie Visionen oder Ekstasen in der Mystik oder wie Ähnliches im Heidentum. Was im Heidentum oder bei der Askese am Ende steht, ist im Christentum erst der Anfang. Das heißt, ich kann jetzt Gott erleben ohne viel Askese, ohne viele Jahre gefastet und gebetet zu haben. Die heilige Therese von Avila sagt, dass sie achtundzwanzig Jahre brauchte, bis sie diese Begegnung mit Gott hatte, bei manch anderen Heiligen wird von einer noch längeren Zeitspanne erzählt.

Wir können das sofort! Die Apostel hatten diese Begegnung am Pfingsttag. Du kannst sie heute, morgen, übermorgen erleben, wenn du es Gott erlaubst. Aber das heißt nicht, dass du ganz verändert, neu, heilig und stark bist. Das ist ein Anfang, eine Geburt sozusagen, eine Geburt in Gott. Und dann kannst du in dieses neue Leben wachsen.

Den morgigen Tag gibt es nicht

Wenn wir also der Frage nachgehen, wie wir Gott begegnen können, so ist das ganz einfach beantwortet. Du kannst ihm begegnen, indem du einfach um dich schaust. Auf die Blumen zum Beispiel oder auf dich selbst. Gott hat das alles geschaffen. Er hat aber nicht nur erschaffen, sondern er schafft noch immer. Die Schöpfung der Welt ist nicht etwa Vergangenheit. Nein, sie geschieht immer, also auch jetzt. Gott schafft jetzt! Würde Gott nicht mehr schaffen, wäre die Welt zu Ende.

Den morgigen Tag gibt es wirklich nicht. Du kannst ihn nirgendwo nehmen. Es gibt ihn nicht. Ob es morgen gibt, hängt nicht von dir, nicht von irgendwelchen Wissenschaften ab. Niemand von den Menschen kann den morgigen Tag nehmen. Es gibt ihn nicht! Gott schafft ihn. Wir sprechen deswegen von der Vorsehung. Das bedeutet: Gott ist immer da! Gott hat nicht einst geschaffen und dann alles alleine gelassen. Nein, er schafft weiter. Er tut immer etwas. Er ist immer da! Indem du lebst, ist das ein Zeichen, dass Gott immer da bei dir ist. Da, wo es etwas gibt, ist Gott dabei. Und wenn du alles um dich anschaust, begegnest du Gott.

Wenn jetzt auf deinem Tisch vielleicht Blumen stehen, schaue sie an. Du kannst durch sie die Anwesenheit Gottes ganz nah spüren. Das ist ähnlich, wie wenn ein ungeborenes Kind von ein paar Monaten zwar nicht sehen, aber spüren kann, dass die Mutter da ist. Wenn die Mutter nicht da wäre, würde das Kind nicht leben. Das Kind ist da, aber es kann nicht weiterleben ohne die Mutter. Sie ist immer da! Wenn sie auch materiell von dem Kind weg ist, bleibt sie trotzdem da, und das Kind kann deswegen leben.

Gott ist immer bei dir wie eine Mutter. Indem du lebst, ist Gott bei dir. Deswegen kannst du in deinem Leben, ja in dir selbst Gott begegnen. Wenn wir einander anschauen, dann können wir sehen: Da ist Gott!

Er schafft dich jetzt! Und wenn du deine Uhr ansiehst, dann weißt du, Gott schafft die nächste Minute, die nächste Sekunde. Dann weißt du, dass du auf dem Arbeitsplatz Gottes bist. Er ist mein Kollege. Ich kann ihn einfach anschauen. Es ist so einfach, aber wahr. Wenn ich die Blumen anschaue, dann weiß ich, Gott schafft das. Wenn ich die brennende Kerze anschaue, sehe ich, Gott wirkt das. Sonst würden sie nicht existieren. Wenn ich auf die Elektrizität schaue, dann weiß ich, dass Gott dieses Gesetz schafft. So kann das Gesetz der Elektronik und der Elektrizität existieren. Überall kann ich Gott begegnen. Es ist einfach abnormal, wenn wir ihm nicht begegnen.

Ebenso ist es auch abnormal, ein Kind zu sehen und der Mutter nicht zu begegnen. Denn wir wissen, ohne Mutter gibt es kein Kind. Es wird nicht nur nicht geboren, sondern es kann auch nicht leben. Ohne die Menschen kann ich mir auch ein Auto nicht vorstellen. Die Menschen bauen es. Und ich weiß, dieses Auto ist ohne die Menschen nichts. Alles kann in Ordnung sein, trotzdem fehlt noch jemand von außen. Jeder Maschine fehlt jemand von außen, so auch deiner Maschine, man nennt sie Körper. Nur eine Maschine ist der Körper, mehr nicht. Und die Ärzte handeln wie Mechaniker, auch bei Operationen. Es sind physikalische und chemische Prozesse, nichts anderes. Im Körper ist keine Seele. Damit der Körper aber funktionieren kann, brauche ich von außen jemanden, wie das Auto den Chauffeur. Ein Auto mag vielleicht schon kurze Zeit funktionieren, spätestens aber wenn das Benzin aus ist, steht es still! Ebenso stirbt dein Leben, wenn du mit Gott nicht in Verbindung bist.

Wie ein Decoder im Radio - das Gewissen

Du kannst Gott aber nicht nur in der Natur erfahren, auch im Gewissen kannst du ihm begegnen. Er spricht immer durch dein Gewissen. Wenn du beispielsweise spürst, du darfst niemanden hassen, sondern du solltest die Menschen lieben, dann sollst du das auch tun.

Jemand spricht dir also in dein Gewissen. Denke daran, du bist in deinem Gewissen keinem Menschen gegenüber verantwortlich, auch dir selbst nicht. In deinem Gewissen bist du direkt mit Gott verbunden. Deswegen könnten alle Menschen die Überzeugung haben, ein Mensch müsste getötet werden, damit alle anderen Menschen gerettet würden. Wenn aber nur ein Einziger meint, dass man das nicht tun dürfe, so ist seine Entscheidung gegen die Überzeugung aller Menschen richtig!

Wenn die Menschen für die Freiheit des Landes oder aus Liebe zu jemand anderem das Leben hingeben, denke daran: Das Gewissen ist wichtiger, die Liebe ist wichtiger, Gerechtigkeit ist wichtiger, die Freiheit ist wichtiger als dieses Leben. Lieber ins Gefängnis als etwas gegen Gott zu sagen oder ihn zu verfluchen. In deinem Gewissen bist du keinem verantwortlich. Du bist gegen alle Menschen und gegen alle Überzeugungen jemandem verantwortlich, der über alle Menschen transzendent ist. Du bist hier mit Gott direkt verbunden. Deswegen verfügt der Mensch nicht über das Gewissen. Es ist der Raum, in dem Gott steht.

Die richtige Welle empfangen

Gott aber hat natürlich auch durch verschiedene Propheten gesprochen, auch durch Jesus von Nazaret. Du hast sein Wort in der Heiligen Schrift.

Und im Gebet kannst du mit Gott reden. Dies ist möglich, denn Gott ist Geist, aber auch du besitzt Geist. Nicht nur deinen menschlichen Geist, den du bei deiner Empfängnis erhalten hast, sondern auch den Heiligen Geist. Und durch diesen Geist kannst du mit ihm reden. Jeder Mensch kann mit Gott in Kommunikation treten. Man kann mit ihm kommunizieren wie mit einem Menschen. Deswegen geschieht im Gebet und durch die Heilige Schrift immer wieder Begegnung. Auch beim Empfang der Sakramente, zum Beispiel bei der Eucharistie kannst du Gott begegnen. Besonders, wenn du weißt, dass die Eucharistie von außen gesehen nur ein Stück Brot ist. Drinnen aber ist der Geist Jesu, die Seele Jesu! Dieser Geist hat das Brot belebt und in Jesu Leib verwandelt. Das ist eine totale Veränderung!

Vergleichen wir es damit, wenn mich jemand auf meine Schulter klopft und dann sagt, er habe mich berührt. Könnte ich dann sagen: Nein, er hat nur mein Hemd berührt? Oder wenn ich einen Mantel habe, den jemand anrührt und dann behauptet, er habe mich berührt. Hat er auch hier nur meinen Mantel berührt? Wenn ich aber meinen Mantel aufhänge, und er greift jetzt nach ihm. Hat er mich dann berührt? Nein, keineswegs! Jetzt nicht mehr.

Wenn du nun die Hostie vor der Wandlung berührst, hast du dann Jesus berührt? Niemals! Wenn du die Hostie aber nach der Wandlung berührst, dann schon. Von außen siehst du die Hostie, das Brot. Aber da ist wirklich Jesus Christus. Deswegen kannst du ihm hier auch begegnen.

Besonders leicht aber kannst du ihm in Gebet begegnen. Denn dieses ist so ähnlich, wie wenn du mit jemandem am Telefon sprichst. Du siehst ihn nicht, aber trotzdem sagst du: Hallo! Wie geht es dir? Und dann beginnst du zu erzählen. Wenn dir dabei jemand zusehen würde, könnte er sagen: Du bist von Sinnen! Mit wem sprichst du? Du siehst ja niemanden! Und doch würdest du einwenden: Doch, ich spreche mit jemandem!

Du kannst also mit jemandem sprechen, den du nicht siehst, wohl aber mit deinen Ohren hörst. Also kannst du auch mit jemandem sprechen, der nicht da ist.

Ich denke da an einen Mann, der seine Frau fragte, mit wem sie denn spreche, da niemand sonst im Raum war. Da sagte sie: Weißt du, ich denke an unseren Sohn. Er ist in der Fakultät bei einer Prüfung. Ich rede jetzt mit ihm und sage ihm, er soll sich keine Sorgen machen, es wird alles gut gehen!

Die Mutter spricht also mit ihrem Sohn in den Gedanken oder im Geist. Wenn ich aber mit Gott rede, ist das eine noch viel tiefere Situation. Da rede ich wirklich mit dem wirklichen Gott. Dann ist es nicht mehr nur ein Gespräch über die Schiene der Gedanken. Wer an Gott nur denkt, tritt noch lange nicht mit ihm in Verbindung. So ist Gott nur "Er", aber nicht ein "Du". Mit Gott in Kommunikation treten, ihm zu begegnen, heißt einfach zu glauben: Du bist da! Ähnlich ist es, wenn jemand vor dir steht, du aber hast die Augen geschlossen und siehst ihn nicht.

Wenn ich, während ich einen Vortrag halte, die Augen schließe, weiß ich jedoch gleichzeitig, die Menschen sind vor mir. Und alles was ich sage, hören sie. Aber ich sehe sie nicht. Und ich höre sie nicht, und taste sie nicht. Ich rieche sie nicht. Trotzdem aber weiß ich es: Sie sind da!

Oder wenn jemand blind ist und in einen Vortragssaal kommt, aber nicht weiß, dass Menschen da sind. Und wenn jemand zu ihm sagen würde: Pass auf, da sind dreihundert Menschen. Sie schauen dich jetzt an! - Wenn er das nicht glaubte, er würde nichts zu ihnen sagen. Wenn er es aber glaubt, dann würde er sagen: Ja, ich grüße euch alle! Dann würden wir sagen: Ja, auch wir grüßen dich!

Und da kommen wir nun zu einem entscheidenden Punkt. Bei mir war das nämlich so: Ich wusste, dass ich in meinem Leben vielleicht tausendmal gebetet hatte. Vater-Unser, Rosenkränze, Psalmen und so weiter. Eine Unmenge von Gebeten hatte ich rezitiert. Aber es war in mir ein Drang: Mensch, du bist noch nicht mit Gott. Du solltest doch mit Gott reden.

Ich hatte immer gemeint, ich müsste das und das beten, damit etwas von Gott kommt. Aber es ist nichts gekommen oder nur ganz wenig. Ich hatte vielleicht tropfenweise etwas von ihm bekommen.

Danach kam ich in die Krise. Ich war bereits acht Jahre Priester, auch Professor an der Fakultät und so weiter. Da begann ich auf einmal zu fragen: Ja, gibt es Gott, oder gibt es ihn nicht? Meine Vernunft hatte gesagt, dass es ihn gibt. Das war für mich wie zwei mal zwei gleich vier. Denn wenn ich existierte, dann musste auch Gott da sein. Wenn also irgendetwas schon existiert, dann heißt das gleichzeitig: Nie war nichts. Es konnte nie absolutes Nichts gewesen sein. Wenn einmal absolutes Nichts gewesen wäre, dann wäre jetzt auch nichts. Denn aus nichts konnte nicht etwas werden. Das war mir ganz klar! Es musste also immer etwas gewesen sein. Und dieses Etwas musste Gott sein! Denn aus der toten Materie kann nicht etwas Lebendiges werden. Das Leben kommt von außen. Wir können nicht das Leben machen. Wir können nur eine funktionierende Materie machen, damit das Leben von außen dazukommen kann. Das war für mich also ganz klar: Gott gab es und gibt es.

Aber da tauchte eine neue Frage auf: Kann ich mit Gott auch wirklich reden? Darauf sagte mir meine Vernunft: Gut, du hast Geist und Gott ist auch Geist. Du hast den Heiligen Geist und Gott ist der Heilige Geist. Gott ist Mensch geworden und du bist auch ein Mensch. Du mußt also mit ihm reden können. Aber wie?

Da habe ich mich hingesetzt und habe erstmals in meinen Leben gesagt: O Gott, ich versuche jetzt auf eine andere Weise mit dir zu reden. Wenn nichts geschieht, werde ich nie mehr beten. Wenn etwas geschieht, dann werde ich jeden Tag ganz anders beten können. Und ich sagte: Ich werde jetzt fünfzehn Minuten vor dir stehen und nur glauben, dass es dich gibt. Aber wirklich glauben! Solches Glauben sollte mir zum Bewusstsein verhelfen: Gott ist vor mir, ebenso wie es der Blinde im Saal erlebt, von dem ich schon gesprochen habe. Wenn er glaubt, dass die Leute da sind, wird er mit ihnen sprechen. Wenn er es aber nicht glaubt, dann wird er vielleicht sagen: Dadada... Oder er wird nichts sagen und dann gehen.

3. Gebet - Einbahnstraße oder Gespräch?

Wie beten wir eigentlich? Wir sagen: Vater unser, und das vielleicht zehnmal, aber dann ist schon Schluss. Und wir lassen gar nicht zu, dass auch Gott etwas zu uns sagt. Das heißt, wir sagen die Gebete herunter. Unsere Gebete sind kein Gespräch mit Gott. Aber alle Heiligen sprechen davon, dass das Gebet ein Gespräch mit Gott ist. Auch das Konzil spricht von einem "Gespräch mit Gott". Es empfiehlt sich, besonders "Dei Verbum", Kapitel 25 oder auch zahlreiche Stellen in "Gaudium et spes" zu lesen. Wir aber sprechen nicht mit Gott, wir sprechen nur zu Gott. Niemand jedoch würde in ein Geschäft gehen und nur sagen: Ich möchte Käse, Brot und Salz, dann aber weggehen, ehe er alles bekommen hat.

An jenem Abend, von dem ich vorhin erzählt habe, bin ich also fünfzehn Minuten nur da gesessen und habe gesagt: Gott, ich glaube, dass du da bist. Aber jetzt will ich wirklich glauben! Ich will mich sonnen vor deinem Angesicht!

Und da ist bei mir wie "Klick" ein neuer Weg entstanden. Von da an war ich sicher, dass es Gott gibt. Also, ich habe so etwas erlebt wie dieser Blinde. Immer war mir gesagt worden, Gott ist da. Aber ich hatte das nie ernst genommen. Ich hatte nie gesagt: Gott, wie geht es dir? Und ich habe auch nie seine Antwort abgewartet. Aber diesmal hatte ich es doch getan. Und es geschah!

Und seither sage ich es Gott immer, wenn ich etwas will. Ich rede mit ihm und ich warte. Drei Wochen, wenn es nicht kommt. Ich warte auch eine vierte Woche. Aber ich glaube, dass es kommen wird. Und es kommt immer. So kann man alles von ihm haben. Ich hatte also gelernt, wie das geht.

Der erste Schritt: Das Herz verschenken

Begegnung mit Gott ist eben durch das Gebet möglich. Der erste Schritt dazu ist Glauben. Du musst "springen"! Vielleicht aber fragst du: Was ist, wenn Gott nicht antwortet? Was ist, wenn es vielleicht nur eine Leere gibt, Gott aber nicht existiert?

Wenn es dir so geht, dann ist es wichtig, jetzt einfach einmal den Mut zu haben und es zu versuchen. Dann erst kommt es, und erst nachher wirst du persönlich sehen, ob es Gott gibt oder nicht, ob er vor dir steht oder nicht. Denn, dass es Gott gibt, ist eigentlich klar. Das glauben und wissen auch die Teufel. Aber ihnen ist Gott fern. Du jedoch kannst ihm im Gebet nahe kommen. Gott wird vom "Er" zum "Du". Darin geschieht die Begegnung mit Gott.

Seit meinem Abend mit Gott kann ich wirklich allen erzählen und erklären, was das Gebet ist. Von da an ist meine Theologie praktisch geworden. Jetzt verstehe ich, was ich studiert habe. Und jetzt sehe ich, worin eigentlich die Kraft des Christentums und der Kirche besteht. Früher hatte ich gemeint, es sei meine Theologie, meine Kraft, wenn ich in meiner Predigt moralisierte, wenn ich den Gläubigen sagte: Entweder - oder! Die Leute aber gingen aus der Kirche hinaus und lachten: Was denkt sich der denn bloß?

Früher hatte ich immer die Leute eingeladen und gesagt: Kommt doch zu meinen Messen. Es wird eine gute Messe sein, es wird eine gute Musik geben. Es wird Interessantes gelesen und viel geboten werden. Es wird einfach wunderbar sein!

Man kann sagen, es war ein gutes Theater und sonst nichts. Die Leute kamen einmal und nie wieder! Jetzt feiere ich ganz einfache Messen, und die Leute fragen: Dürfen wir kommen? Was geht hier vor?

Es gibt nur eine Antwort: Das, worum es im Christentum geht, ist nicht eine äußere Sache. Es sind nicht die guten Worte, nicht gute Predigten, nicht die genialen Theologen. Wenn aber Leute vernünftig sind und einfach glauben, dann kommt eine innere Kraft.

Ich weiß nur eines: Wenn ich wunderbar und gut rede, wenn ich versuche, richtig, theologisch und christlich zu reden, dann sagen die Leute im ersten Moment: Welch ein guter Prediger! Herrlich hat er gesprochen! Das aber hat wenig Sinn, denn am nächsten Morgen werden sie nicht wiederkommen. Sie erwarten nichts mehr von dieser guten Predigt. Wenn ich aber ganz einfach nur spreche und dabei nur zu Jesus schaue, dann beginnen die Leute zu fragen: Woher hast du das? Warum hast du dieses Licht, diese Stimme bei dir?

Ich aber kann nur sagen: Ich habe nur Jesus. Es hören zwar alle meine Stimme, sie spüren aber auch diese Nähe von Jesus. Und durch diese Nähe entsteht etwas in ihnen. Sie werden verändert. Sie werden stark gegen alles Böse. Sie werden geheilt und befreit.

Das war meine Entdeckung, als ich gelernt hatte, zu beten. Seit diesem Abend weiß ich, worin meine Kraft besteht. Seit diesem Abend bin ich glücklich, dass ich Priester bin.

Wenn ich - mit einem Beispiel gesagt - den Menschen aber immer nur Autos verkaufen würde, ohne ihnen das Benzin zu geben, wozu bräuchten sie dann diese? Die Autos verkaufe ich, indem ich predige. Aber das Benzin verkaufe ich, wenn ich sie einlade, einmal zur "Tankstelle" zu kommen, zum Gebet. Wenn jemand zu Jesus "Du" sagt, ist die Tankstelle da. Schon bekommen sie das Benzin. Und dann kann das Wort und diese Kraft Gottes - wir nennen sie "Gnade" - auf einmal wirken.

Worin aber besteht die heutige Ohnmacht der Kirche? Sie hat zu viele Worte. Das Wort ist Jesus Christus. Sie hat so viel Jesus Christus. Aber sie hat zu wenig den Heiligen Geist! Der Heilige Geist ist das Benzin, das lebendige Wasser, die Kraft. Die Kirche hat auch zu viele Prediger. Bedenken wir einmal, wie viele Predigten an einem Sonntag in deiner Umgebung gehalten werden.

Und wie viele Menschen werden verändert, bekehrt durch diese Predigten? Wenige! Aber wozu predigen wir dann? Wenn ich zum Beispiel einen Staubsauger kaufe, der nicht funktioniert, dann werde ich ihn zurückgeben. So ähnlich ist es in unserem Leben.

Gott hat sein Wort gesendet, das ist Jesus Christus, und er hat auch den Heiligen Geist gesendet. Das Wort Gottes belehrt mich, der Heilige Geist gibt diesem Wort Kraft, damit es verwirklicht wird. Nun höre ich das Wort Gottes, indem ich die Predigt höre. Das Gebet aber macht die Predigt zur Wirklichkeit und bringt sie in die Praxis. Normalerweise wollen die Leute nach der Predigt diskutieren. Sie wollen nur fragen und nichts weiter. Dadurch entsteht nichts. Sie wollen nur Klarheit über Gott, aber nicht mit ihm leben.

Der zweite Schritt: Hören

Du bekommst Jesus also durch die Predigt, den Heiligen Geist durch das Gebet. So entsteht Begegnung! Jesus - das ist der Vortrag, der Heilige Geist - das ist das Gebet.

Komm doch einfach zu Gott und sage: Vater!

Es ist wirklich so einfach, zu Gott zu kommen, mit ihm zu sein. Es ist so schön, mit ihm gemeinsam zu gehen, manchmal ihn zu umarmen oder einfach zu sagen: Jesus, wie schön ist es mit dir!

Es ist so einfach, aber wir machen es kompliziert. Wir meinen, Theologie studiere man, um näher zu Gott zu kommen. Die Theologie studiert man, um Gottes Wort besser zu verstehen! Verstehen aber ist noch nicht Tun! Nach der Theologie muss man nach Hause gehen und beten. Dann wird es geschehen. Die Theologie ist nur "Leib" der Kirche. Auch Jesus ist "Leib" der Kirche. Und auch wir sind Leib der Kirche. Aber der Heilige Geist ist die Seele, das "Benzin" der Kirche. Den Geist von Jesus brauchen wir, nicht nur seinen Leib.

Gebet und Vortrag gehören zusammen. So entsteht Begegnung. Das konnte ich auch lange nicht glauben. Einmal hatte ich mich sogar entschieden, drei Wochen lang jeden Tag zwanzig Minuten kniend zu beten. Es sollte mir richtig wehtun. Ich war einfach neidisch und eifersüchtig auf die Heiligen. Warum konnten sie so intensiv mit Gott gehen. Da war zum Beispiel der heilige Johannes, der mit Jesus so innig zusammen war wie mit einem Freund. Ich hatte mich gefragt: Warum nicht ich?

Ist es wirklich so in der Kirche, dass nur einige Menschen heilig werden, wir alle aber kommen ins Fegefeuer? Nein, ich will das jedenfalls nicht. Immer wieder wurde mir ja gesagt: Ein Heiliger kannst du nicht werden. Denn ein Heiliger ist jemand, der nicht lügt, der immer gut ist, der immer in einer Ecke des Lebens steht und immer betet, betet und betet.

Wenn er aber wirklich so lebt, dann ist er nicht normal. Ein Heiliger sollte ein normaler Mensch sein! Er ist ein Mensch, der betet, aber zu seiner Zeit. Und er studiert Gottes Wort zu seiner Zeit. Er isst, trinkt und geht spazieren, er erholt sich. Alles zu seiner Zeit. Er ist ein ganz normaler Mensch! Das Gebet braucht er, um mit Gott in Verbindung zu kommen. Und diese Verbindung trägt er in die Arbeit und sonst überall hinein. Durch ihn wird dann die Welt verändert. Denn in der Welt begegnet man Gott und nicht außerhalb. Und der Heilige nämlich sündigt auch!

Wo ist dann der Unterschied zwischen dir und den Heiligen? Der Heilige geht sehr oft zur Beichte. Er wäscht sich nämlich von der Sünde. Du aber gehst vielleicht einmal im Jahr oder vielleicht alle zehn Jahre einmal beichten. Der Heilige ist heilig, weil er fast jeden Tag unter die "Dusche" geht. Du aber erst nach langer Zeit. Das heißt, seine Hände sind nicht deswegen sauber, weil er sie nicht beschmutzt hat, sondern weil er sie gewaschen hat. Das ist ein Unterschied! Jeder Mensch sündigt, der Heilige leider auch und er leidet darunter! Jeder Mensch macht seine eigenen Hände schmutzig. Aber der gute Mensch wäscht sich die Hände. Der schmutzige nicht! Das ist also der Unterschied. Das heißt, Heiligkeit ist nicht etwas Ethisches oder Moralisches, sondern - theologisch gesagt - etwas Substantielles. Heiligkeit ist meine ganze Beziehung zu Gott. Wenn ich mit Gott in Beziehung stehe, ihm Freund bin, werde ich trotz meiner Sündhaftigkeit immer besser, stärker und größer. Ich wachse. Wenn ich nun ohne Gott versuche, gut zu werden, dann ist das unmöglich. Es bedeutet, zu Gott zu sagen: Ich brauche dich nicht! Ich kann es alleine! Deswegen ist die Umkehr sehr wichtig!

Der zweite Schritt in deinem Leben ist also, Gottes Wort zu hören. Was sagt er mir in meinem Gewissen, in meinen Leben? Gott hat mir meinen Beruf gegeben. Gott hat mir mein Geschlecht, meine Nationalität gegeben. Er hat mir meinen Körper gegeben. Was spricht er dadurch zu mir? Er hat mir das Gewissen gegeben, die Kirche gegeben, sein Wort gegeben. Und er hat mir auch das Gebet gegeben, damit ich mit ihm in Verbindung sein kann.

Der dritte Schritt: Bewohnbar werden

Zuerst also ist das Wort, und die Antwort darauf ist das Gebet. So wird man heilig, so bist du mit Gott in Verbindung. Und so kommt seine Kraft zu dir.

Die beste Definition für das Gebet habe ich bei dem deutschen Theologen und Bischof Walter Kasper gefunden. Er sagt in einem seiner Bücher, das Gebet sei ein Raum, in dem Gott für uns in Aktion treten kann. Oder einfach: Das Gebet ist ein Raum, in dem Gott zu mir kommen und mir alles geben kann, was ich brauche!

Wenn ich bei einem Vortrag zu jemandem aus dem Musikteam sagen würde: Guten Morgen! Guten Morgen! Guten Morgen!, oder wenn ich zu ihm sagen würde: Bitte gib mir deine Gitarre! Gib mir deine Gitarre!, ich bekäme deswegen noch keine Gitarre. Und würde ich dann vielleicht sagen: Gut, dann werde ich eben eine Novene beten, also neun Tage hindurch sprechen: Gib mir deine Gitarre, gib mir deine Gitarre!, ich würde sie deswegen nicht bekommen.

Wenn ich es aber nur einmal sage: Bitte, gib mir deine Gitarre!, dann war das ein Gebet, ein Raum, in dem mir die Gitarre gegeben werden konnte. Anders kann Gott mir die Gitarre nicht geben, nicht, weil er nicht wollte, sondern weil er nicht kann. Das geschieht, wenn ich immer nur rede und rede, jedoch Gott nicht zu mir lasse!

Es ist so einfach, zu Gott zu sagen: Ich möchte etwas! Versuche es einmal! Wenn du zum Beispiel möchtest, dass dein Mann oder deine Frau zum nächsten Seminar kommt, dann ist das für Menschen vielleicht zu schwierig. Das ist nur für Gott möglich! Du aber bete nur und warte. Warte auf Gottes Antwort. Er hat eine Antwort auf deine Fragen.

Wenn ein Kind sagt: Mutti, gib mir jetzt ein Messer!, dann wird die Mutter sagen: Ja, liebes Kind, ich gebe es dir, aber nicht jetzt, erst wenn du einmal groß bist! Ja, manches Gebet dauert lange. Aber du bekommst sicher, worum du betest. Seitdem ich gelernt habe, so zu beten, habe ich keine Probleme mehr mit Gott und er mit mir auch nicht - hoffe ich. Es geschehen wirklich Tausende von Wundern!

Aber dann ist noch etwas beachtenswert: Das Gebet ist kein Geschäft. Man darf nicht beten in der Absicht, jetzt muss Gott mir geben. Ich kann nicht wie im Geschäft sagen: Ich gebe dir Geld und du gibst mir etwas Käse. Das Gebet ist eine Freundschaft mit ihm. Da kann man nicht ständig fordern: Gib mir! Gib mir!

Gott ist kein Mechanismus. Da kann man keine Münze einwerfen und dann kommt alles. Denn so oft möchte er mir erklären, was ich noch tun soll oder warum Manches noch nicht so weit ist. Das Gebet heißt also nicht nur, man bekommt etwas. Er spricht zu mir. Es ist seine Freundschaft mit mir. Das ist also viel weiter, als wir ursprünglich gedacht haben.

Eine Hausaufgabe

Fassen wir zusammen: Als erste Aufgabe schreibe also heute zuerst einen Brief an dich.

Die zweite Aufgabe ist: Spätestens, bevor du zu Bett gehst, versuche mit Gott zu reden. Denke einfach daran, Gott ist da. Und dann sage ihm: O Gott, ich glaube, dass du da bist. Segne mich bitte! Sage einfach ein paar Worte und dann höre zu. Spüre ihn in dir! Spüre wie das Kind im Mutterschoß, dass Gott dich streichelt und liebt. Oder erzähle Jesus einen Witz und dann höre einmal zu, wie er reagiert.

Und als dritte Aufgabe könntest du das erste Kapitel des Johannes-Evangeliums lesen. Besonders die Stelle, in der am Ende die beiden Jünger von Johannes, dem Täufer, fragen: Jesus, wo wohnst du? Und er antwortet darauf: Kommt und seht! *(vgl. Joh 1,35ff)*

Und jetzt Praktisches!

Wenn du willst, können wir jetzt einige Minuten lang in die Praxis umsetzen, wovon ich gesprochen habe.

Kannst du glauben, dass es Gott gibt? Versuche es.
Komm und springe hinein.
Sage ihm etwas oder bete ihn an.
Und dann warte, was er zu dir spricht.
Was sagt er zu dir?
Oder höre zu, wie er deinen Namen nennt.
Wie sagt Gott deinen Namen?
Er hat dich zur Erde gebracht.
Er hat dich in die Welt gesetzt. Danke ihm dafür!
Ich gehöre Gott.
Ich brauche nicht zu tun, was die anderen von mir verlangen.
Wichtig ist nur das, was Gott will,
was in mir da ist, in meiner Natur, in meiner Freiheit.
Du hast mich zur Welt gebracht, Gott.
Danke!
Ich darf leben, weil du mich geschaffen hast.
Du bist mein Vater!
Du hast mich lieb!

Gott sagt dir:
Auch wenn eine Mutter ihr eigenes Kind vergessen könnte,
ich werde dich nie vergessen! (vgl. Jes 49,15)

Sage du ihm:
Du hast mich gern, Gott!
Du liebst mich.
Und Gott sagt dir: Auch die Menschen lieben dich.
Die Tiefe jedes Menschen liebt dich.
In jedem Menschen ist Gottes Leben, Gottes Anwesenheit,
Gottes Geist.
Dieser Geist ist unsterblich, und er liebt dich.
In jedem Menschen ist der Funke des Guten und der Liebe.
Die Tiefe jedes Menschen liebt dich,
besonders die Menschen, die dich für unsympathisch halten,
die gegen dich sind.
Sage einfach zu deiner Seele:
Die Tiefe dieses Menschen liebt mich.
Seine Tiefe liebt mich.

Dadurch wirst du geheilt von verschiedenen Ängsten,
von Furcht und Hass.
Die Tiefe jedes Menschen liebt dich.
All diese Menschen lieben dich.
Sie lieben dich.
Und Gott liebt dich.
Gott wollte dich.
Du bist ein gewolltes, ein gewünschtes Kind.
Meine Seele, freue dich,
Gott hat dich gewollt.
Ich darf leben!

4. Gott anschauen – nicht nur mit dem Verstand

Oft probiert, doch nie erreicht?

Die erste Aufgabe hieß, einen Brief an sich selbst zu schreiben, mit sich selber eins zu werden, zu beginnen, sich selbst zu lieben. Ich hoffe, dass du ihn geschrieben hast. Denken wir daran, dass es hier um die Praxis geht. Es werden nicht jene selig genannt, die das Wort Gottes hören, sondern diejenigen, die es tun. Auch in unserem Fall geht es nicht um Vorträge, nicht um gute Worte, sondern um die Praxis und wie das Wort in die Praxis umzusetzen ist. Und das bedeutet: Anfangen zu leben.

Jesus sagt: Wer das Wort Gottes hört und nicht befolgt, baut auf Sand. Und dieses Haus wird zerstört werden. Wer aber das Wort hört und es befolgt, der baut auf Felsen.

Wenn du weißt, dass du Brot hast, wirst du trotzdem vor Hunger sterben. Wenn du weißt, dass du eine Arznei gegen deine Todeskrankheit hast, stirbst du trotzdem auch. Die Arznei muss eingenommen werden. Das Brot muss gegessen werden. Das Wort Gottes muss verdaut werden. Das heißt, wir müssen es annehmen, essen und trinken. Erst dann beginnt es zu wirken.

Wenn du eines Tages anfängst, die Feinde zu lieben, wird das die herrlichste und tiefste Entdeckung deines Lebens. Da spürst du plötzlich, wie eine Tür aufgeht. Auf einmal bist du mit Gott zusammen. Auf einmal kommt eine Kraft von ihm her, eine Kraft, die deine Feinde vernichten kann. Aber nicht die Menschen als Feinde, sondern die Feindschaft in den Menschen. Die Menschen werden bekehrt. Und du siehst, es ist der Schlüssel für eine Tür.

Oder die Menschen sagen: Vergeben, das kann man nicht! Sie meinen, sie könnten nicht vergeben, wenn jemand ihr Haus zerstörte, wenn ihre Liebsten massakriert wurden. Das sei unmenschlich, sagen sie, wie kann man noch vergeben. Aber dann sehen sie ein: Wenn sie hassen, werden sie vernichtet. Hass verbindet sie mit ihrem Feind. Und der kann sie mit leichter Hand töten.

Hass, das ist Hölle, Hass ist Tod. Hass ist Gift gegen dich selbst. Hass ist die schrecklichste Waffe gegen dich selbst. Wenn du aber deinem Feind vergibst, wirst du von seinen Waffen befreit. Dann bist du in Gottes Hand. Und Gott vernichtet die Feindschaft. Denn Gott ist nicht nur barmherzig, sondern auch gerecht. Das bedeutet, er vernichtet die Feindschaft in meinen Feind.

Wenn ich eine Lampe habe, diese aber gelöscht ist, kann ich niemandem helfen. Genauso ist es, wenn wir nicht vergeben. Wenn aber meine Lampe entzündet ist und brennt, kann ich in die Finsternis oder in die Nacht meines Feindes gehen, um zu leuchten. Dann ist die Feindschaft tot. Indem ich vergebe, wird meine Lampe angezündet.

Und dann habe ich auch entdeckt, dass ich die Menschen wirklich verändern kann. Verändern, das heißt vom Hass zur Liebe umkehren. Wenn ich einem Menschen vergebe, obwohl er ein schreckliches Leben führt, fange ich an, ihn zu lieben und Gott für ihn zu danken. Dann ist das Alte in ihm tot. Er ist verändert und er ist gerettet. Und die Feindschaft ist fort.

Das Christentum ist keine Theorie. Es ist nur Praxis. Denn in der Bibel ist das Wort Gottes etwas, was man hört und tut.

Das Wort Gottes spricht und bewirkt. Es ist dasselbe, wenn Gott spricht und dabei die Welt erschafft. Das ist die hebräische Bedeutung für "Wort Gottes" in der Heiligen Schrift. Wort Gottes ist immer etwas Dynamisches. Es ist wie ein Schlüssel. Während du es tust, gehst du in eine neue göttliche Welt. Wenn du es nicht tust, bleibst du mit deinem Leben stecken. Wenn dir jemand sagen würde: Gehe in jenes Geschäft, dort bekommst du einen neuen Wagen geschenkt. Wirst du dann nur hören oder auch gehen? Wenn du gehst, wirst du ihn auch holen. Nur zu wissen, dass dir dieser Wagen geschenkt wird, genügt nicht. Indem du es glaubst, gehst du! Wenn du nicht glaubst, bleibst du zu Hause. So wirst du nie einen Wagen haben.

Das Traurige in unserer Kirche ist eben, dass wir alle zuhören, aber niemand tut das, was er hört. Wir meinen, Schönes zu hören, schöne Musik zu haben, eine schöne Predigt zu haben. Das ist alles gut. Aber eine schöne Predigt kann dich nur betäuben und betrügen. Wenn eine Predigt nur aus ein paar Worten besteht, die besagen, was du zu tun hast und wenn du es tust, dann war es eine rechte Predigt. Sicher ist eine Predigt wichtig, um das Wort Gottes besser verstehen zu können. Verstehen alleine aber ist wenig. Verstehen, um zu befolgen, das ist wichtig!

Deshalb ist es auch sehr wichtig, ob du einen Brief an dich geschrieben hast oder nicht. Indem du das nicht tust, bleibst du noch im Gestern und kannst nicht zum Heute übergehen. Dann fehlen dir einige wichtige Schritte.

Die *zweite Hausaufgabe* war, vor dem Schlafengehen mit Jesus zu reden und ihm etwas zu erzählen, vielleicht einen Witz! Hast du das getan? Wenn nicht, dann bist du noch immer im Gestern. Und gestern ist schon lange vorbei. Dann bist du nicht mehr modern. Dann bist du rückständig. Denn modern zu sein heißt, mit der Zeit zu gehen. Die Zeit schreitet vor. Du aber bleibst zurück. Und das ist schade!

Und *die dritte Hausaufgabe* war, das erste Kapitel im Johannes Evangelium durchzulesen. Wenigstens aber das Ende, da die beiden Jünger Jesus begegneten. Hast du diese Aufgabe gemacht?

Fehlt dir eine Hausaufgabe, dann lege das Buch beiseite und erfülle zuerst die Aufgabe. Du sollst nicht nur das Gesagte hören, sondern auch tun. Sonst kannst du nicht verstehen, wovon ich spreche.

Die theologischen Bibliotheken sind sehr groß. Wenn du theologische Bücher liest, wirst du nicht besser, wirst du nicht bekehrt.

Man kann die Theologie studieren und dabei ein wunderbarer Atheist werden.

Dann gibt es Leute, die wenig wissen, aber das tun, was sie wissen. Und sie sind Heilige geworden. Natürlich wäre es wichtig, beides zu verknüpfen, immer mehr Theologie zu studieren und das Studierte immer mehr auch zu leben. Das ist die größte Heiligkeit. Keine Theologie zu studieren, das ist Dummheit. Aber nur Theologie und kein Gebet, das ist auch Dummheit. Auf einer Schiene kann kein Zug fahren. Auf einem Fuß kannst du nicht gehen. Du brauchst beides. Du brauchst Jesus Christus, das Wort Gottes, und du brauchst auch den Heiligen Geist, das ist das Gebet. Zwei Füße brauchst du immer. Und indem du das Wort Gottes in die Praxis umsetzt, betest du schon. Wenn du nur die Erklärung hörst, ist das zu wenig. Die Theologie erklärt nur und wir brauchen das sicherlich für den Verstand. Denn die Theologie will das erklären, was wir glauben. Das umzusetzen aber heißt, diese Theologie in sich zu haben. Deswegen betone ich immer wieder, dass ich nicht nur als Theologe spreche, sondern auch als einer, der wieder und wieder versucht, diese Theologie in die Tat umzusetzen.

Der Heilige Geist ist nicht in den theologischen Büchern, sondern in der Kirche, in den Menschen. Wenn ich den Heiligen Geist habe, kann ich ihn auch weitergeben. Wenn ich ihn nicht habe, kann ich nichts geben. Der Heilige Geist wird nicht nur durch die Heilige Schrift übermittelt, sondern auch durch die Menschen und durch die Kirche. Jesus hat keine Heilige Schrift geschrieben, aber er hat die Kirche gegründet. Darum ist es wichtig, zu hören und zu befolgen. So wirst du glücklich werden in diesen Tagen.

Der Verstand erreicht nur die Schwelle des Glaubens

An dieser Stelle müssen wir noch einmal zum Thema Gebet zurückkehren. Wir sagten bereits, das Gebet ist das Gespräch mit Gott. Wir können beten, weil wir den Heiligen Geist haben, wie auch er Geist ist. Und weil Gott Mensch geworden ist, können wir ganz normal mit ihm sprechen.

Wenn wir nun fragen: Wo ist Gott? Wie kann ich mit ihm reden?, so frage ich dich, wo Gott nicht ist.

Manche meinen dann: Ich kann Gott nicht sehen! Du siehst aber auch nicht die Fernsehstrahlen, trotzdem sind sie hier. Damit du aber sehen kannst, was diese Strahlungen bewirken, solltest du einen Fernsehapparat haben. Wenn du das Kabel in die Steckdose steckst und einschaltest, siehst du auf einmal, was im Studio geschieht. Wenn du mit Gott reden willst, ist es genauso. Er ist jetzt vor dir, aber du musst das Kabel "einstecken", nämlich deinen Geist. Wenn du aber nur über ihn nachdenkst, siehst du ihn nicht. Denn der Verstand kann Gott nicht sehen. Der Verstand kann nur logisch über Gott denken, nachdenken und ihn suchen. Aber er kann ihn nicht sehen. Der Verstand kommt nur bis zur Schwelle des Glaubens. Der Glaube aber sieht Gott. Der Verstand kann genug Argumente liefern, dass Gott hier ist, dass es ihn gibt. Aber er kann nicht zu Gott gehen und ihn sehen. Deswegen können wir die Theologie studieren und alle Argumente haben, dass es Gott gibt, trotzdem aber von Gott fernbleiben und ohne ihn leben. Indem deine Vernunft sagt: Es gibt sicher Gott, hast du auch genug Gründe, an ihn zu glauben.

Der Geist aber sieht Gott

Es ist in dir diese Fähigkeit, die wir Geist nennen. Mit ihm kannst du Gott sehen. Wenn du zum Beispiel mit deiner Vernunft reichliche Argumente hast, dass das Wasser am Strand warm ist, dann kannst du springen. Das aber kann der Geist mit seinem Mut bewirken. Mit der Vernunft kann man nicht ins Wasser gehen. Denn wenn du überlegst, bist du deswegen noch nicht im Wasser. Indem du das Meerwasser studierst, bist du nicht im Nass. Zu springen oder zu glauben sind zwei verschiedene Fähigkeiten.

Es ist wichtig, zu sehen, dass wir zu viel mit der Vernunft arbeiten, aber zu wenig mit unserem Geist. Wir haben Schulen und

Hochschulen, in denen wir immer mit der Vernunft arbeiten. Wir denken, denken, denken... Oder wir gehen zum Religionsunterricht - und denken. Wir gehen zur Predigt und denken. Wir gehen zu Vorträgen und denken und studieren immer mit der Vernunft.

Du kannst jahrelang am Meeresstrand überlegen, was für ein Wasser es sein mag. Wenn du nicht springst, wirst du nie wissen, ob das Wasser wirklich so gut ist. Und du wirst nie glücklich werden am Strand. Mit dem Geist springt man zu Gott. Dann hat man eine Begegnung mit Gott. Das ist ein großer Unterschied.

Du kannst dich Tag und Nacht bemühen, um mit deinen Augen seine Stimme zu hören. Wenn ich aber spreche, sieht niemand meine Stimme. Ebenso ist es mit Gott. Mit den Augen kannst du seine Stimme nicht sehen. Aber hören kannst du sie, und das hundertmal am Tag: Oben, unten, links und rechts. Auf einmal ist sie überall da. Nicht nur bruchstückhaft. Da ist nicht nur ein G, ein O oder TT. Nein, Gott ist da, das heißt, überall ist das ganze Wort. So ist es möglich, dass vierhundert Leute in einem Saal auf einmal ein Wort haben? Ich spreche ein Wort, und alle vierhundert Menschen haben gleichzeitig das ganze Wort "Gott".

Wenn es schon im Materiellen möglich ist, dass ein Wort bei allen ist, dann können auch Gottes Gesicht alle sehen. Er ist überall da! Es ist aber die Frage, wie man Gottes Wellen auffangen kann. Wenn du zerstreut bist, hörst du nicht. Manche sagen, wenn sie einen Rosenkranz beten, sind sie sofort zerstreut. Ja, leider. Dabei sprichst du: Heilige Maria, Mutter Gottes..., und sie kommt und schaut dich an. Du aber bist in deinen Gedanken irgendwo zu Hause, auf der Straße oder in deinem Auto. Wenn du aber anwesend bist und sagst: Du, heilige Maria! Und sie sagt zu dir dann vielleicht: Du, liebe Tochter - du, lieber Sohn! - Das ist Anwesenheit.

Wir aber sind zerstreut und hören nicht, obwohl Gottes Wort da ist. Und deswegen meinen wir, der erste Schritt zum Gebet sei, sich zu konzentrieren. Das stimmt eigentlich nicht ganz. Wenn ich mit jemandem reden will, brauche ich mich nicht zu konzentrieren, sondern ihn nur anschauen. Darum bedeutet es nicht, sich zu sammeln, zu schweigen und dann die Augen zu schließen, denn das Gebet ist etwas ganz normales. Wenn ich also jemanden ansehe und ihn frage: Wie geht es dir?, er sieht mich sogleich an. Vielleicht lächelt er dann auch. Wenn ich nun Gott anschaue und sage: Vater!, dann lacht er vielleicht vor Freude!

Deswegen: Beten heißt, ein normaler Mensch zu werden! Das Problem unseres Gebetes ist, dass wir abnormal sind. Wenn es Gott wirklich für dich gibt, dann kannst du nicht so eigenartig mit ihm reden.

Sich zum Gebet konzentrieren heißt: Gott anschauen. Nicht mit den äußeren Augen, denn mit diesen Augen kann man Gott nicht erreichen. Mit ihnen kannst du auch eine Idee nicht sehen. Aber mit dem Verstand kann man unsichtbare Ideen sehen. Mit dem Geist hast du diese Fähigkeiten. Mit dem Geist siehst du Gott. Mit dem Herzen kannst du Liebe spüren. Mit Emotionen kannst du die Emotionen der anderen erfahren. Und mit dem Geist kannst du den Geist sehen.

Deswegen ist das Gebet etwas so Normales. So normal, wie du auch Emotionen hast, wie du fühlst, wie du jemanden anschaust, zuhörst, wie du reagierst, wie du entscheidest und überlegst. So kannst du auch Gott sehen, weil du die Fähigkeit dazu hast. Deswegen ist Religion unzerstörbar und deswegen kann man sie nicht vernichten. Warum? Weil der Mensch die Fähigkeit hat, Gott zu sehen. Wenn ich Gott einmal gesehen habe, kann kein Regime auf der Welt mir sagen, dass es keinen Gott gibt. Denn in mir ist immer eine Fähigkeit, die mir sagt, dass es ihn doch gibt. Und deshalb waren die Menschen vom Anfang der Welt an immer religiös. Probieren wir jetzt wieder praktisch, wie wir gut mit Gott reden können. Und immer fragen wir uns als ersten Schritt: Ist Gott jetzt vor mir oder nicht?

Glauben, dass es Gott gibt,
heißt auch glauben, dass er jetzt vor mir steht.
Wie eine Stimme im ganzen Raum sein kann,
so ist Gott vor dir.

Der ganze Gott ist bei dir.
Und der ganze Gott gehört mir und dir,
und uns allen.
Er ist unteilbar.

Versuchen wir das, denn das ist jetzt wichtig. Wir wollen langsam den verrosteten Geist mit dem Öl des guten Willens beleben. Vielleicht können wir ihn dann wieder in Bewegung setzen. Denn wir arbeiten zu wenig mit dem Geist. Wir arbeiten fast alles mit Vernunft, - auch in der Kirche.

Vernunft ist eigentlich nicht das Erste im Glauben, auch nicht im Leben. Das Leben ist Glaube. Das Leben ist Geist. Zuerst lebe ich, dann erst versuche ich, mir das Leben zu erklären. Zuerst glaube ich, vertraue ich jemandem. Erst dann will ich erklärt haben, warum ich glaube und was ich glaube. Wir versuchen es immer umgekehrt. Glauben aber heißt: Vertrauen haben!

Wenn Gott jetzt vor dir steht, öffne deine Tür.
Begrüße ihn!
Sage ihm, wie du dich fühlst.
Er ist Mensch geworden,
damit du keine Schwierigkeiten hast mit einem allmächtigen
und absoluten Wesen, das Gott ist.
Öffne deine Tür.
Schaue ihn einfach an, wie du einen Menschen anschaust.
Begrüße ihn: Lieber Vater, ich bin jetzt da.

Und sage es dir vielleicht zehnmal,
damit dein Herz und dein Geist zu glauben beginnen.
Predige dir selber: Gott, ich bin da.
Auch du bist da!

Mache es ganz gelassen, das ist wichtig. Wenn du angespannt bist, ist das jetzt psychisch bedingt. Die Psyche kann nicht zu Gott gelangen. Versuche auch nicht, die verschiedenen Gebetsformeln zu rezitieren, denn deine Zunge kann nicht zu Gott gelangen.

Sei gelassen - einfach wie ein Kind und sage: Gott, ich bin da.
Lass dich ganz von Gott umgeben.
Denke an das Kind im Mutterschoß.
Du bist auch im Schoß des Vaters, in Gottes Schoß:
In Gott sind wir:

Vater, ich bete dich an.
Ich grüße dich.
Endlich will ich mit dir reden, Vater.
Verzeihe mir, dass ich so lange
nie richtig mit dir gesprochen habe:
Immer fehlte mir in meinem Leben etwas,
das mir Fundament gab. Schade.
Verzeih mir Vater, jetzt komme ich zu dir.
Jetzt will ich ein ganzer Mensch werden.
Ich will, Vater, meinen Namen aus deinem Mund hören:
Du hast mich beim Namen gerufen, danke:
Ich bin da:
Ich will leben, Vater.
Ich nehme mein Leben aus deiner Hand.
Ich will sein, wer ich bin.
Ja, Vater, ich will es.
Du bist mein Schöpfer.

> *Du bist mein Vater;*
> *Du bist meine Mutter:*
> *Du wolltest mich; so wie ich bin.*
> *Gut, ich nehme das an.*

Am Anfang ist es vielleicht leicht, vor Gott zu sein. Aber bereits nach einigen Augenblicken kann es sein, dass du spürst: Jetzt kommt die Zerstreuung. Dann ist es, wie wenn du plötzlich nicht mehr anwesend bist. Hier ist es wichtig, sogleich zu sagen: Ja, ich will hier und jetzt verweilen.

Dann wird es sein, als ob du eine Tür festmachen würdest, damit sie offenstehen bleibt. Dann bleibst du den ganzen Tag vor Gott anwesend. Denn am Anfang kommt immer die Zerstreuung. Du sagst zwar: Gott, ich bin da! Aber dann kommt es anders. Wenn du aber ganz entschieden sagst: Ich will bei Gott bleiben, dann bleibst du ruhig stehen wie in der Sonne. Und du weißt: die Sonne - Gottes Anwesenheit - macht dich jetzt gesund.

5. Umkehr - Schau in die Sonne!

Damit du zu Gott gelangen kannst, ist es noch wichtig, einige weitere Dinge wegzuräumen: vor allem aber die Schuld.

Den Nebel der Schuld durchleuchten

Alle leiden wir unter Schuld. Das heißt, Schuld ist etwas, das dich zu Gott hin behindert. Du kannst nicht mehr zu ihm gehen.

Gott weiß es, dass wir alle Schuld haben und dass wir alle schmutzig werden. Aber er hat uns deswegen eine Quelle gegeben. Diese Quelle ist Reue und Bekenntnis der Sünde. Jesus Christus hat uns diese Quelle durch die Kirche in der Welt entdeckt. Wasche dich, dann bist du rein vor Gott. Und ziehe die schmutzige Wäsche und die schmutzigen Kleider aus. Und dann ziehst du Gottes Kleider an und kommst zu ihm.

Du darfst nie in der Schuld bleiben. Denn die Schuld geht in dein Unterbewußtsein und erzeugt dort viele Krankheiten. Trotzdem können wir vielleicht hundertmal schuldig werden und sündigen. Aber wir sollen auch hundertmal vor Gott bekennen, was wir falsch gemacht haben.

Denn die Schuld ist vor dir wie ein Zaun, wie eine Eisenstange, an der du nicht vorbei und vorwärts kommst. Wenn du sie aber bekennst, ist die Stange weg und du gehst an ihr vorbei.

Denke daran, es gibt kein anders Glaubensleben, als immer wieder bekennen und bereuen. So kommst du immer weiter! Nur der Satan, so sagt die Heilige Schrift, ist derjenige, der uns anklagt.

Jesus aber ist unser Rechtsanwalt vor Gott. Er verteidigt uns. Er wischt alle unsere Schulden weg.

Und daher jetzt die Frage: Glaubst du dem Satan? Sehr oft nämlich begleitet er uns mit falschen Schuldgefühlen.

Warum gehen die Menschen nicht zur Kirche? Ich glaube, dass viele deswegen nicht gehen, weil sie Schuldgefühle haben. Sie können das nicht aushalten, denn in der Kirche erinnern sie sich an diese Schuld. Darum gehen sie lieber erst gar nicht hin. In die Kirche geht man aber, um von der Schuld befreit zu werden. Indem du bekennst, bereust du auch.

Wenn du einfach sagst: Vater, verzeihe mir, was ich getan habe. Ich will es nicht mehr tun, dann sagt er: Gut so, es ist erledigt für alle Zeiten!

Du darfst sagen: Verzeihe mir, Gott, nicht nur die Sünde und die Schuldgefühle, sondern verzeihe mir auch meine Furcht. Verzeihe mir meine Angst, meine Gebundenheit an Drogen, Zigaretten, Alkohol, Geld, Sex und so weiter. Verzeihe mir! Dann bist du befreit! Denn in jeder Gebundenheit ist auch dein Wille gebunden. Einmal hast du irgendwie bewusst oder unterbewusst "Ja" gesagt. Wenn du aber sagst: Verzeihe mir!, dann bist du befreit.

Der Unterschied zwischen Waschbecken und Dusche

Es ist traurig, dass wir so viel unter Schuldgefühlen leiden. Immer fühlen wir uns schuldig! Aber weshalb nur? Wenn doch Jesus sagt: Ich mache dich frei!, so ist die Kirche nicht da, um dich an deine Schuld zu erinnern, sondern um dich von ihr im Auftrag Jesu frei zu machen. Lass dich entlasten! Werfe alles in die Arme Gottes. Du darfst Gott alles übergeben, deine Schuld und deine Lasten. Dann bist du frei von der Sünde. Wenn deine Hände oder dein Gesicht schmutzig sind, dann wäschst du dich im Waschbekken. Wenn du aber einmal ganz schmutzig bist, gehst du unter die Dusche. Wir sagen auch, bei einer leichten Sünde genügt es zu bereuen. Und bei einer schweren Sünde sagen wir: Gehe lieber unter die "Dusche". Diese "Dusche", das ist die Beichte. Beides hast du zur Verfügung. Wozu leiden? Denn deine Schuld zerstört nicht nur deine Psyche und deinen Geist, sie zerstört auch deine Beziehung zu Gott.

Hast du dich heute schon gewaschen...?

Darum darfst du alle Schulden und alle Sünden bekennen. Sage also: Verzeih mir das bitte, Vater. Verzeih mir! - Der Vater zieht dir nun alle deine schmutzigen Kleider aus und sagt: Herrlich! Er umarmt dich und freut sich. Und dann spürst du Entlastung.

Vielleicht sind deine psychischen Krankheiten eben mit deiner Schuld sehr verbunden. Wahrscheinlich sind auch viele deiner körperlichen, organischen Krankheiten mit deiner Schuld verbunden. Deswegen überlege, welche Schuld dich mit dieser Krankheit verbindet.

Sage einfach vor Gott: Verzeihe mir bitte dieses und jenes. Vielleicht hast du das sogar schon oft getan. Jeder Gerechte, sagt uns Jesus, sündigt jeden Tag sogar siebenmal (= sehr oft!). Vielleicht sündigst du zumindest vierzehnmal. Oder? In zehn Tagen macht das hundertvierzigmal. Sünden haben wir also genug.

Denke daran, jeden Tag werden wir schmutzig. Darum waschen wir uns täglich! Für jeden von uns ist das notwendig. Oder hast du Gewissensbisse, weil du schmutzig bist?

Genauso ist es im geistlichen Bereich.

Ich gebe dir jetzt fünf Minuten Zeit, damit du dich geistlich waschen kannst. Die schweren Sünden zuerst, und dann die leichten Sünden und auch das, was du nicht als Sünde ansiehst und alles, wo du irgendwie Furcht oder irgendwelche Krankheiten hast:

Verzeihe mir, Vater; dass ich mich jetzt so alt fühle.
Verzeihe mir, dass ich selbstmitleidig bin.
Verzeihe mir, dass ich aggressiv bin.
Verzeih mir, dass ich mir
und anderen Vorwürfe mache.
Verzeihe mir, dass ich Angst habe vor der Sünde.
Verzeih mir, dass ich immer wieder an die Hölle denke.
Verzeihe mir, dass ich dir so ferne bin, Vater.

Indem du es aussprichst, bist du frei. Dann kommt seine tiefe Gesundheit. Du wirst sehen, dass vieles in dir, was sich psychisch oder organisch auswirkt, gesund und wirklich heil werden kann. Der Vater sieht auf dich und nimmt alle deine Schulden weg. Ist das nicht wunderbar?

Verzeihe mir, Vater, meinen Hochmut,
meinen Geiz;
meine Unzucht,
meinen Ehebruch,
meine Eifersucht.
Verzeihe mir meine Ehescheidung,
meine Abtreibung.
Verzeihe mir meinen Neid,
meine Faulheit,
meinen Streit.
Verzeihe mir meine üble Nachrede,
meine Verleumdung,
meine Verurteilung der anderen,
verzeihe mir!
Verzeihe mir meine falschen Gedanken,
meine negativen Gedanken,
verzeihe mir.

Vater, verzeihe mir mein negatives Reden und Denken,
mein Selbstmitleid verzeihe mir.
Meine Nervosität,
meine Furcht verzeihe mir, Vater.
Dass ich Furcht habe auch vor dem Tod und
vor der Krankheit,
dass ich Angst habe, verzeihe mir.
Verzeihe mir, dass ich den anderen alles vorwerfe.
Dass ich so depressiv bin,
so traurig,
zu ernst,
das verzeihe mir.
Dass ich schon lange nicht mehr
in die Kirche gegangen bin, Vater, verzeihe mir.
Dass ich die Messe nicht verstehe,
Dass ich dein Wort nicht verstehe,
nicht befolgt habe, das verzeihe mir.
Dass ich schon lange nicht mehr unter die "Dusche",
zur Beichte gegangen bin,
verzeihe mir, Vater.
Ich will es tun.
Dass ich mich nicht annehme, verzeihe mir.
Dass ich mich nicht liebe, verzeihe mir, Vater,
und dass ich so egoistisch bin.

Vater, verzeihe mir, weil ich denke,
dass das Böse stärker ist als das Gute.
Verzeihe mir.
Dass ich mit dir nicht rede, Vater, verzeihe mir.
Dass ich meinen Geist zu wenig verwendet habe.
Dass ich vieles für mich behalten habe,
dass es mir schwer fällt, den anderen zu geben,
für die anderen da zu sein,
den anderen zu helfen,

die anderen zu verstehen,
verzeihe mir.
Dass ich zerstreut bete,
dass ich den anderen so viel Anstoß gegeben habe
mit meinem Leben,
dass ich sehr viel gemurrt habe gegen dich,
verzeihe mir.
Dass ich meinen Glauben zu theoretisch betrachte,
dass ich keine Zeit habe, ihn auch praktisch zu leben,
verzeih mir, dass ich mit den unsympathischen Menschen
nichts zu tun haben will.
Verzeihe mir meine negative Kritik
gegen die Politiker,
gegen die Kirche,
gegen die Öffentlichkeit
und all die anderen.
Dass ich meine Eltern nicht ehre,
dass ich am Sonntag immer arbeite,
noch mehr als im Alltag,
dass ich die Zeit
für ein Gespräch mit dir nicht habe,
verzeihe mir:
Verzeihe mir, Vater,
dass ich mich benehme,
als würde es dich nicht geben.
Verzeihe mir, dass ich deine Welt nicht liebe,
dass ich mehr an die Zerstörung der Wett,
als an die Rettung der Welt glaube.
Verzeihe mir, dass ich vergesse,
dass du mein Vater bist.
Allmächtiger, Ewiger,
du Stärkster, du Größter,
verzeihe mir.
Verzeihe mir, dass ich zu wenig glaube und vertraue,

und zu viel denke,
dass ich vergesse,
wie begrenzt mein Denken ist,
der Glaube aber unbegrenzt ist
und dass ich vergesse,
dass mich der Glaube mit dir verbindet.
Verzeihe mir, mein Vater,
dass ich auch jetzt zerstreut bin,
dass ich lieber zu denken,
als zu beten anfange.
Verzeihe mir,
dass ich Angst vor dir habe, Vater,
dass ich nicht glauben kann, dass du mich liebst.
Jetzt will ich glauben und vertrauen,
dass du mich liebst.
Du hast mich gern.
Du hast mich von Anfang an gewollt!
Du willst mich nur gesund,
sauber und schön machen.
Vater, ich danke dir.
Es ist wunderbar, dass es dich gibt
und dass es mich gibt, Vater.
Danke, Vater, dass du meinen Schmutz weggenommen hast,
dass du meine schmutzige Wäsche
und meine schmutzigen Kleider weggegeben hast.
Jetzt darf ich wieder dein Kind sein.
Jetzt bin ich wieder in deiner Hand, auf deinem Schoß.
Jetzt darf ich wieder das Leben genießen,
ohne Angst und ohne Furcht.
Ich lebe mit dir.
Verzeihe mir meinen Ärger,
meinen Jähzorn,
meine Unfähigkeit zu vergeben.
Verzeihe mir, dass es für mich so schwer ist zu sagen:

Verzeihe mir.
Ja, Vater, jetzt ist es leichter.
Jetzt schon kann ich tief atmen.
Jetzt schon kann ich lachen.
Jetzt kann ich auch vor Freude Tränen vergießen.
Jetzt darf ich zu dir.
Die "Eisenstange" ist weg.
Der "Zaun" ist weg.
Jetzt kann ich wirklich zu dir.
Jetzt darf ich dich umarmen.
Meine Seele umarmt dich, Vater.
Jesus, es ist schön, dass es dich gibt.
Ich weiß, nie hast du Petrus fallengelassen,
nachdem er dich verleugnet hatte,
sondern du hast ihm vergeben
und ihn sogar zum Papst gemacht.
Du hast den rechten Schächer nie gerichtet,
sondern verziehen hast du ihm.
Jetzt weiß ich, auch mir hast du jetzt verziehen.
Es ist schön, "Ich" zu sein.
Ich will jetzt leben, Vater,
leben in Freude.

Übe das mindestens einmal am Tag, wenigstens einen Monat hindurch. Dann wirst du sehen, wie dein Leben ganz frei sein wird. Du wirst dich wundern, wie gesund und unwahrscheinlich stark du sein wirst.

... und hast du die Stricke zerrissen?

Gehen wir noch einen Schritt weiter! Wenn du zum Vater gehst, kann es sein, dass du etwas spürst, das wie ein Strick hinter dir ist, der dich immer noch an etwas bindet. Was ist dann zu tun?

Vielleicht bemerkst du, dass du jemandem nicht verziehen hast. Gott hat dir schon vergeben. Jetzt sollst auch du den anderen vergeben, sonst kommst du nicht voran zum Vater. Der Vater ist nämlich Liebe, du aber bist mit dem Hass gebunden. Zerreiße deshalb alle Stricke und Bänder hinter dir, indem du sagst: Ich verzeihe dir ... und dir ... und dir! Denn ich will zum Vater!

Kannst du den anderen gegenüber auch so großzügig sein wie dein Vater? Wenn du verzeihst, bist du Sieger. Wenn du nicht verzeihst, bleibst du im Dunkel, bleibst du im Hass. Dann bist du krank. Indem du verzeihst, bist du ein weiser und vernünftiger Mensch. Dann hast du gesiegt. Dann hast du echte Rache geübt.

Die größte Rache gegen deinen Feind ist, ihm zu verzeihen. Du kannst dich nie genug an deinem Feind rächen. Nur Gott kann Gerechtigkeit üben für dich. Du bekommst alles zurück, worin dir dein Feind Schaden zugefügt hat. Denn Gott macht dich gerecht, wenn du vergibst.

Vergeben heißt, vernünftig zu sein. Nicht vergeben ist kindisch und naiv. Dann bleibst du gebunden an den Hass, an das Negative und an die Krankheit. Vergeben heißt frei werden! Vergeben heißt den Feind ändern, den Menschen in ihm zu heilen. Und das bedeutet zu retten und Feindschaft zu vernichten. Es ist wunderbar, was eigentlich alles in der Vergebung steckt.

Versuche jetzt zu verzeihen. Ich mache es gewöhnlich so, dass ich zum Vater schaue und sage: Ja, Vater, ich verzeihe.

Und wenn es nicht möglich ist, wenn ich spüre, es ist immer noch etwas wie ein Stein bei mir geblieben, dann bete ich: Vater, ich bitte dich für diesen Menschen.

Auf einmal spüre ich dann, dass alles Schwere weg ist. Und wenn trotzdem noch etwas geblieben ist, dann sage ich: Vater, ich danke dir für diesen Menschen. Und dann ist dieser Stein weg. Versuche einfach Mitleid zu fühlen mit deinem Feind. Er ist ein armer Mensch. Wir leiden alle, der Feind besonders. Er ist ganz blind, der arme Mensch. Er wird dir jedoch in Ewigkeit danken, dass du so großzügig zu ihm warst, und dass du dich und ihn durch die Vergebung gerettet hast. Wenn du nicht vergibst, bist du nicht gerettet und er vielleicht auch nicht. Es lohnt sich nicht, das Leben zu vernichten. Erinnere dich, die größte Rache, die ein Feind gegen dich üben kann, ist, wenn du ihm nicht vergibst. Dann ist es ihm gelungen, dich zu vernichten. Verzeihen heißt nicht, jetzt gleich zum Feind zu gehen und zu sagen: Gut, ich reiche dir die Hand.

Das ist meistens nicht möglich. Verzeihen heißt, im Herzen frei werden vom Feind. Auf einmal spürst du eine Sympathie für den Menschen in ihm. Denn durch den Hass wird der Mensch im Feind getötet. Und ich will diesen Menschen retten. Ich brauche die Menschen.

Versuchen wir das jetzt!

Ich weiß, wenn ich jemanden hasse,
dann bin ich verloren.
Hassen muss ich, aber nur das Negative.
Die Sünde muss ich hassen.
Die Hölle muss ich hassen.
Den Krieg muss ich hassen.
Aber Hass mit Hass vergelten, das kann mich vernichten.
Und Liebe mit Hass zu vernichten,
so dumm will ich nicht sein.
Weil ich vergebe, bin ich in der Liebe,
habe ich die Liebe gerettet.

Versuche es jetzt! Nimm dir einige Minuten Zeit, damit dein "Rücken" frei wird, und damit du frei wirst vom Hass. Gib deine Feinde frei, und dann bete für sie. Deine Vergebung bekehrt den Feind, bekehrt den Menschen, der dich beleidigt hat. Das ist wichtig! Warte nicht länger, mache es jetzt!

Schaue zum Vater! Rede nicht ins Leere!
Der Vater hört dich.
Er steht jetzt vor dir mit einer Neugier und sagt dir:
Willst du jetzt siegen, mein Sohn und meine Tochter,
oder willst du verlieren?
Sage: Vater, ja, ich vergebe,
ich vergebe!
Ich vergebe!
Du vernichtest alles Negative.
Ich vergebe, Vater;
ich bin dein.
Ich bin Licht und nicht Finsternis.
Ich vergebe!
Vater, segne meinen Feind.
Segne diesen Mann, der mich beleidigt hat.
Segne diese Frau, die mich beleidigt hat.
Segne sie, ich vergebe.
Ich danke dir,
dass du mir diesen Menschen gegeben hast,
dass du jetzt von mir erwartest, dass ich vergebe,
wie du Vater.
Ja, Vater, ich will so sein wie du.
Ich vergebe Vater.
Es ist schwer, aber ich vergebe.
Ich will vernünftig werden.
Ich will das Negative zerstören.
Ich vergebe!

Schaue zuerst auf den, dem du vergeben willst und dann sieh zu Gott. So erhältst du die Kraft zu vergeben. Bleibe aber nicht im Negativen, sondern gehe in das Positive: in die Frucht, hinein in das Licht, in die Gesundheit. Denn wir sind betrogen, wenn wir denken, dass die Gerechtigkeit durch Rache gegeben wird. Das ist falsch! Durch den Hass meinen wir Gerechtigkeit zu geben. Du kannst nicht Wasser durch Wasser wegwischen, nicht Feuer durch Feuer löschen. Du hast keine Chance, Hass mit Hass zu vernichten, aber du kannst Hass mit Liebe vernichten, Finsternis mit Licht, Feuer mit Wasser, und Wasser mit Feuer.

Gottes Gerechtigkeit kommt. Und Gott ist ja gerecht. Wehe jenen, die in Gottes Hand fallen, sagt uns die Heilige Schrift *(vgl. Hebr 10,31)*.

Bevor du dir nun eine Pause gönnst, wäre es noch gut, auf die Menschen deiner unmittelbaren Umgebung zu schauen.

Sind da wirklich nur Menschen?
Oder sind sie jetzt deine Schwestern und Brüder?
Wenn du zu Gott Vater sagst,
dann ist deine Schwester und dein Bruder neben dir.
Wie reagieren die Menschen,
wenn du sie ansiehst?
Und dann schaue Gott an.
Wie reagiert er?
Gott reagiert noch viel zärtlicher,
viel menschlicher,
viel besser!
Gott kann nicht schlimmer sein,
als die Menschen neben dir.

Wenn wir einander anschauen, dann lachen wir. Wenn wir Gott anschauen, dann sind wir auf einmal todernst, als wäre er irgendwie ein schreckliches Wesen für uns. Wenn wir so leben, werden wir Gott als schreckliches Wesen bezeugen. Und die Menschen werden nie zu ihm gehen wollen.

Schaue Gott also an und spüre, wie eine Freude in dir aufsteigt. - Wenn die Freude noch immer nicht aufsteigt, dann tust du dir noch schwer, Gott zu vertrauen.

Wie ist dein Gott?
Lacht er oder ist er todernst?
Ist er Vater und Mutter,
oder ist er für dich ein Richter?
Gehört er zur Polizei?
Wie ist dein Gott?
Ist er ein Gott wie die Blumen: Er lacht?
Oder ist er wie ein Stein?
Gott ist so zärtlich,
so sensibel,
so gütig.
Er sehnt sich nach deinem Wort,
nach deinem Anschauen.
Er sehnt sich nach dir.
Er hat uns geschaffen.
Er hat das Lachen geschaffen.
Er hat die Freude geschaffen!

6. Umkehr in offene Arme hinein

Gott ist Vater und Mutter

Wenn wir von Gott reden und zu ihm gehen wollen, dürfen wir nicht "Gott" denken, sondern "Vater". Das heißt, Gott ist nicht irgendein Wesen, das zufällig auch uns irgendwie geschaffen hat und jetzt kann er tun mit uns, was er will. Nein, wir sind sein Ebenbild. Wir sind ihm ähnlich. Mehr noch: Sein Geist ist in uns. Und er ist eifersüchtig auf diesen Geist in uns, so sagt uns der Hebräerbrief. Er liebt uns und ist eifersüchtig, wie ein Vater oder eine Mutter eifersüchtig sind auf ihr Kind, weil sein Geist und sein Leben in uns ist.

Nun ist es immer ein Problem, wenn jemand keinen guten Vater hatte, wenn ein Vater streng war oder mehr Richter als Vater war. Dann ist es schwierig, Gott als Vater anzusehen. Dann hast du Angst vor Gott. Vielleicht kannst du in diesem Fall an deine Mutter denken, denn Gott ist auch Mutter. Er ist Mutter und Vater. Wir sind sein Ebenbild.

Das heißt, als Mann und Frau sind wir Gottes Ebenbild. Lese dazu das erste Kapitel des Buches Genesis. Dort erfahren wir gleich zweimal: Gott schuf den Menschen nach seinem Bild. Nach seinem Ebenbild schuf er sie. Als Mann und Frau schuf er sie. Das heißt, die Bibel betont: Wir sind Gott ähnlich, indem wir Mann und Frau sind. Wir sprechen nur zu wenig davon. Aber wir sprechen zu viel davon, dass Gott Verstand hat, dass er Geist und Willen hat und so weiter. Deshalb sind wir Gott ähnlich. Aber wir sind auch noch anders gesehen ihm ähnlich:

Gott ist dreifaltig: Vater, Sohn und Heiliger Geist. Der Vater ist jener, aus dem der Sohn hervorkam. Ebenso sagt uns die Bibel, dass aus der Rippe des Mannes, des ersten Adam, die Frau hervorging. Auch Jesus ist das Ebenbild. Der Sohn Gottes ist das Ebenbild des Vaters *(vgl. Kol 1,15)*. Er ist das Wort Gottes, er ist die Erkenntnis Gottes, des Vaters. Gott, der Vater, erkennt sich selbst. Und diese Erkenntnis spricht er aus. Dieses Wort, diese Erkenntnis, ist Sohn Gottes, ist Jesus Christus. Aber er ist aus dem Vater. So ist auch die Frau die Erkenntnis des Mannes. Der Mann erkennt sich selbst in der Frau. Jesus lebt nun, indem er alles vom Vater annimmt. Er will sozusagen Vater werden.

Und der Vater will sich selbst ganz hingeben. Deswegen sind er und der Vater gleich. Ebenso will die Frau ganz zum Mann werden. Alles was der Mann hat, will die Frau annehmen. Und sie gebärt alles, nicht nur im materiellen Sinn. Nicht nur in der Geburt des Kindes, sondern eigentlich in allem. Der Mann kann alles, was er tut, erst richtig durch die Frau gebären. Sie ist wie ein Boden, in den der Mann alles, alles gibt. Und alles kommt aus der Frau heraus. Der Mann kann ein Kind gebären, nur indem er sich ganz der Frau hingibt.

Dann kommt der Dritte: Der Heilige Geist ist Vater und Sohn. Der Sohn gibt sich dem Vater hin, und der Vater gibt sich ganz dem Sohn hin. So entsteht der Heilige Geist. Er ist die Liebe zwischen dem Vater und dem Sohn. Er ist Vater und Sohn ineinander.

Ebenso ist das Kind wie Mann und Frau ineinander. Die Frau gibt sich ganz dem Mann und der Mann gibt sich ganz der Frau hin. So entsteht das Kind. Das Kind ist Mutter und Vater zusammen. Und ohne das gibt es kein Kind. Wenn wir Mann und Frau sehen, dann sehen wir gleichzeitig das Geheimnis des Menschen. Wenn du den Mann und die Frau siehst, erkennst du die ganze Menschheit. Und zwischen ihnen ist etwas Geheimnisvolles, ein Kind.

Wenn du zwei, drei Frauen liebst oder wenn du zwei, drei Männer liebst, hast du kein Geheimnis mit ihnen. Dann entsteht nichts. Das ist alles unfruchtbar. Mit tausend Männern geht die Welt zugrunde, ebenso mit tausend Frauen. Aber mit *einer* Frau und *einem* Mann ist die ganze Welt erreichbar. Wenn wir "Mensch" sagen, meinen wir nicht "Frau" und meinen auch nicht "Mann". Mensch, das ist Mann und Frau. Es gibt keine andere Möglichkeit, Mensch zu sein.

Wenn wir nun sagen, Gott ist Vater, dann ist das zu wenig. Gott ist auch wie eine Mutter. Papst Johannes Paul I. hat das einmal in einer Rede betont. Damals gab es eine große Aufregung unter den Journalisten: Warum sollte Gott auch Mutter sein? Aber es gibt in der Schrift wirklich viele mütterliche Elemente Gottes. Jesus spricht auch davon zu uns.

Viele fragen dann, ob der Heilige Geist oder eher der Sohn Gottes mütterlich sei. Die westliche Theologie spricht vom Heiligen Geist als der Zärtlichkeit. Das bedeutet mütterlich, weiblich oder das Weibliche. Die östliche Theologie aber spricht von Jesus als dem Weiblichen. Sie besagt, Jesus war so nett. Er war vergleichbar mit einer Henne, die sich einfach hingibt und alle unter sich birgt. Er weinte zusammen mit Maria und Marta. Er weinte auch über Jerusalem. Er war so zärtlich. Viele aber sind verwundert, dass er ein Mann war und weinte. Man könnte aber auch sagen, er war wie eine Frau und weinte. Vielleicht verstand er deswegen die Frauen so gut.

Das bedeutet also, in Gott gibt es beide Elemente. Wenn man "Gott" sagst, denkt man normalerweise sofort an ein geheimnisvolles Wesen, an "Etwas", an Unpersönliches, das ist jedoch nicht gut. Denn man weiß nicht, was alles aus einem solchen Gott hervorkommen kann. Es könnte einen zertreten und vernichten. Wenn Gott aber Vater und wie Mutter ist, dann ist das etwas ganz anderes. Ein solcher Gott sehnt sich nach dir, und deswegen kommt er auch zu dir. Er will mit dir sprechen. Er will dich von allem Negativen ganz befreien. Von allem Schmutz will er dich waschen. So ist Jesus! Deswegen ist wichtig: Gott ist mein Vater, Gott ist wie eine Mutter. Oder er ist mein bester Freund. Wäre er nur ein Begriff, könnte er bei vielen Menschen große Unruhe statt Liebe schaffen. Gott wäre bloß eine Chiffre für etwas. Ein Vater aber ist jemand.

Der entscheidende Unterschied – Jesus und die anderen

Mit diesem Gott wollen wir eine Begegnung haben. Wir wissen bereits, dieses Transzendente geht uns immer ab. Wir sind wie ein Kind im Mutterschoß, das immer fragt, wie das eigentlich mit der Geburt sein wird: Werde ich wirklich geboren oder werde ich getötet, wenn ich aus dem Mutterschoß herauskomme. Deswegen ist immer diese Frage in uns lebendig, was eigentlich der Tod ist? Wir weinen, wenn die Menschen von uns gehen und sterben. Aber wohin gehen sie? Leben sie weiter oder nicht? Werden wir einmal mit diesen Verstorbenen zusammenkommen? Ist es das Ende oder der Anfang? Ist es wirklich das einzige Leben hier auf der Erde oder muss da noch irgendwo Leben sein? Diese Fragen sind wirklich sehr wichtig. Denn ein Leben hatten wir schon neun Monate lang. Im Mutterschoß war es wirklich eine ganz andere Welt. Und jetzt leben wir hier vielleicht achtzig, neunzig Jahre, wenn es gut geht.

Dann aber wirst du ewig leben. Deswegen ist keine Reinkarnation, keine Wiedergeburt notwendig! Du kommst nicht hierher zurück! Man weiß genau, du gehst hin und das ist der Schluss. Aus dieser Welt geht man nicht in den Mutterschoß zurück, sondern in eine andere Welt. Dieses Wissen hat uns Jesus Christus gebracht. Und Jesus ist Gott. Er gab uns diese Informationen über die Welt. Wenn er das sagt, dann weiß ich, es gibt keine Reinkarnation. Und es gibt kein Ende, sondern einen Anfang.

Buddha und hinduistische Weise können uns keine richtigen Informationen geben, denn sie sind nur Menschen. Sie versuchten die Erde und den menschlichen Geist von unten zu untersuchen. Ebenso sind alle Religionen menschlich. Und deswegen gibt es keine Religion, die uns retten kann. Alle Religionen stecken in der Sünde. Alle Menschen stecken in der Sünde. Alle großartigen und edlen Menschen, wie Buddha, Lao-tse, Konfuzius und Mohammed, stecken auch in der Sünde. Wie wollen sie uns dann retten? Sie brauchen selbst eine Rettung. Alle Menschen, die im Mutterschoß stecken, können dem Kind keine Informationen geben. Nur wer von außen kommt, kann das tun. Weil wir alle in der gleichen Unwissenheit stecken, kann uns niemand Information und Kraft geben, die uns retten könnte. Darum gibt es nur einen Retter in dieser Welt: Jesus von Nazaret.

Er hatte großartige Weisheit gezeigt, er hatte Kraft über die Natur. Das hatten andere in begrenztem Ausmaß vielleicht auch gezeigt. Er hatte aber auch die Sünde vergeben. Das hatte sonst niemand gekonnt. Niemand in der Weltgeschichte und in der Religionsgeschichte konnte die Sünde vergeben. Und vor allem hatte keiner die Kraft gegen die teuflische Macht. Denn alle sind wir in der Sünde. Nur Jesus Christus hat die Macht, das Teuflische, das Negative, das Sündige zu vertreiben.

Auch entsteht radikal gesehen keine neue Welt in den Religionen. Meditation ist keine neue Welt. Das ist nur eine psychische, geistliche Verinnerlichung oder irgendwie eine Reinigung, nicht aber eine neue Welt. Eine neue Welt entstand durch Jesus Christus und seine Auferstehung. Das war der Durchbruch in die neue Welt. Er ist Gott. Er kommt von außen. Nur er kann uns Wissen und die Informationen geben. Er kommt zu uns und sagt uns, wie es wirklich ist. Er hat die Kraft und nur in ihm ist meine Rettung. Darum also muss die Kirche Jesus Christus verkünden als den Einzigen. Es gibt keinen anderen. Denn alle Menschen werden durch Jesus Christus und nur durch Jesus Christus gerettet. Alle! Die einen, weil sie bewusst mit ihm verbunden sind, die anderen, weil sie nach dem eigenen Gewissen leben. Da sie nun in den Religionen nach dem Gewissen leben, sind auch sie mit Jesus Christus verbunden. Und alle, die gerettet werden wollen, sind mit ihm ebenso verbunden. Auch Atheisten sind mit ihm verbunden, wenn sie nach dem Gewissen leben und arbeiten. So bekommen sie eine

Beziehung zu Jesus Christus. Denn nur durch Gott können wir gerettet werden. In diesem Sinn ist der Satz "Ohne die Kirche gibt es keine Rettung" auch richtig. Das kann natürlich auch falsch verstanden werden, wenn man damit meint, nur diejenigen werden gerettet, die mit Wasser und Geist getauft worden sind, also diejenigen, die in der sichtbaren Kirche stehen. Das aber ist schon deswegen nicht richtig, weil es viele gibt, die innerhalb der Kirche sind, aber nicht gerettet werden können, wenn sie Jesus Christus nicht annehmen. So sagt uns das Konzil.

Das heißt, jeder wird gerettet, der nach dem Gewissen handelt, weil er so mit Jesus Christus in Verbindung kommt. Deswegen sprechen wir von der "Begierdetaufe". Das heißt, es handelt sich hier um eine von der Seele gewünschte Taufe, da der Mensch offen ist Gott gegenüber. Wenn ihm Jesus Christus verkündet werden würde, dann würde er das annehmen. Er ist offen.

Wenn man so denkt, sind alle in der Kirche, die mit Jesus Christus in Beziehung stehen. Denn Jesus Christus ist die Kirche. Die Kirche ist sein Leib. Wir sind sein äußerlicher Leib, der sichtbare Jesus Christus in der Welt.

Alle Menschen in der Weltgeschichte werden also von Gott selbst gerettet durch den Sohn Gottes, Jesus aus Nazaret. Und uns Christen steht es nicht zu, uns in der Sicherheit zu wähnen: Ja, wir sind gerettet! - Es ist vielmehr unsere Aufgabe, diese Rettung anzunehmen, wie sie uns Jesus Christus gebracht hat und sie den anderen zu bringen. Wir sind schon gerettet, da wir getauft worden sind. Darum sind wir schon Kinder Gottes. Aus dieser Taufe heraus sollen wir in der Welt den anderen helfen und den anderen überzeugend sagen: Schau mal, wir haben es vernommen! Wir haben sie gesehen, diese Rettung, die uns Jesus Christus gebracht hat! Er ist Gott! - Wenn man so spricht, dann ist es gut. Wenn man aber nur Reklame für die Kirche machen will, dann ist das widersinnig.

Denn die Kirche ist von außen gesehen wie die anderen Religionen. Sie sieht nicht besser aus! Aber von innen gesehen, mit Jesus Christus und dem Heiligen Geist, ist ein Unterschied zwischen den Religionen und dem Christentum. Das ist schon deswegen gegeben, weil ebenso ein Abgrund ist zwischen Mensch und Gott. Hier ist Gott, der zu uns gekommen ist und sich uns gezeigt hat, in den Religionen sind die Menschen, die Gott suchen. Diese Unterscheidung ist sehr wichtig, weil wir Christentum und Religionen vermischen. Und das ist falsch. Das Christentum ist in dieser Hinsicht, wie Dietrich Bonhoeffer es sagt, keine Religion. Es ist vielmehr historische Heilswirklichkeit. Das sollte man unterscheiden. Es ist eine Wirklichkeit, die in die Welt gekommen ist, um den Menschen eben das zu geben, was sie in den Religionen suchen. Das ist die Erfüllung der Religionen.

Jesus ist o.k., aber, diese Christen …

Es ist schon eigenartig, wenn jemand vom Christentum weg zu einer heidnischen Sekte geht. Denn alle diese Sekten wollen auch zu Jesus Christus kommen. Aber auf einmal geht man von Jesus Christus weg.

In einem Punkt haben diese Menschen sicher recht: Es ist wirklich nichts, wenn man nicht annimmt, was uns Gott anbietet. Man kann auch einen ganzen Monat lang im Krankenhaus wegen einer Lungenentzündung liegen, daran sogar fast sterben, aber sagen: Da ist nichts. Wenn man dabei keine Injektion und keine Medikamente annehmen will, wenn man den Rat der Ärzte nicht annehmen will, obwohl diese jeden Tag ans Krankenbett kommen, dann kann man allerdings nicht sagen, das Krankenhaus sei schuld. Schuld bist du in diesem Fall. Genauso ist es mit der Kirche.

Deswegen sagte der große Mahatma Gandhi, ein Hinduist: Wir lieben Christus, aber nicht die Christen. Weil ohne die Christen wären wir schon lange Christen geworden.

Es ist also ein Unterschied zwischen den Christen und Christus. Erst wenn wir immer näher zu Jesus Christus rücken, sind wir auch der Welt ein Zeugnis für ihn. Weil wir aber viel zu menschlich denken und uns nicht Christus annähern, sind wir sicherer

Anstoß und gewichtiges Ärgernis für die Welt und damit gegen Christus. Jesus Christus ist wichtig, nicht wir. Nicht ich rette jemanden. Ich kann mich nicht einmal selbst retten. Ich brauche Jesus Christus.

Wenn zum Beispiel ich als Priester und Mensch mehr und mehr zu Jesus Christus gehe und wenn ich tiefer bete, dann sehe ich auf einmal, wie die Leute mir nachlaufen und mich brauchen. Da habe ich keine Zeit mehr für mich. Wenn ich aber weniger bete, dann werde ich sehen, wie die Leute auf einmal abfallen. Sie brauchen mich nicht mehr. Deswegen ist es für mich eine herrliche Sache, Jesus Christus nachzulaufen. Ich werde mich sozusagen nicht nach den Menschen orientieren, sondern ich brauche nur Jesus Christus. Das heißt, ich brauche immer nur ihm nachzugehen und immer nur auf seinen Rücken schauen. Dann werden sie immer mir nachlaufen, denn sie brauchen Jesus Christus. Und sie werden auf meinen Rücken schauen. So ist es dann richtig.

Ein Prophet ist derjenige, der zu Gott schaut, nicht zu den Menschen. Dann gehen ihm die Menschen nach. Sie wollen Gott haben durch ihn. Der Priester aber ist einer, der zu den Menschen schaut. Er hat die Aufgabe, den Menschen zu verkündigen. Deswegen ist er immer in der Gefahr, auf die Menschen zu schauen und Gott zu vergessen.

Im Judentum aber waren Propheten, Könige und Priester getrennt. Im Christentum sind sie miteinander verbunden. Wir müssen Priester, Prophet und König sein, alles in einer Person, dann sind wir gerettet. Der Priester in mir muss immer vom prophetischen Geist korrigiert werden. Dann ist es in Ordnung. Indem wir zu Gott schauen, können wir Gottes Wort und Rettung bringen. Indem wir zu den Menschen schauen, werden wir wie die Menschen. Dann haben wir nichts mehr zu geben. Und das ist dann traurig.

Und darum schaut die Welt jetzt auch auf dich. Sie fragt auch, was wohl bei dir durch dieses Seminar herauskommen wird? Wenn du hier sitzt, dann sitzt du nicht für dich allein, sondern auch für die anderen, die sich nach Gott sehnen und die nach ihm schreien. Auch für sie bist du hier. Deswegen dürfen die Leute in den Erneuerungsbewegungen oder in den verschiedenen Gebetsgruppen nicht egoistisch werden. Es genügt nicht, zu sagen: Wir haben alles, wir haben Christus, wir haben Erlebnisse und so weiter. Sondern wir müssen noch tiefere und neue Wege zu Gott suchen, damit wir noch mehr haben und den anderen geben können.

Die Welt schreit nach Gott. Die Welt will zu Gott. Das hat bereits Papst Paul VI. in dem wunderbaren Rundschreiben "Evangelii nuntiandi" gesagt. Die Welt sucht Gott. Aber die Welt kann nur durch dich und mich zu Gott kommen. Die Welt braucht uns dazu. Aber auch Gott schreit nach der Welt, er sehnt sich nach ihr. Und er braucht mich, um zur Welt zu kommen. Das ist äußerst interessant: Ich stehe zwischen Welt und Gott. Gott braucht mich und sagt: Bitte öffne dich. Ich möchte durch dich der Welt Heil geben! Und die Welt will durch dich zu Gott!

Ich selbst habe diesen Schrei von Gott vernommen. Immer bin ich in der Gefahr, viele Bücher vorzulesen, viele Bücher durchzulesen und durchzusuchen, um damit Vernünftiges, Theologisches und Tiefes sagen zu können. Aber was haben die Menschen davon? Jesus sagt mir: Das kannst du an der Fakultät tun. Jetzt komm zu mir!

Und dann darf ich stundenlang bei ihm sitzen und suchen, meine Sünden ihm geben und den anderen vergeben, um mich von allem befreien zu lassen. Und auf einmal spüre ich, jetzt kommt eine wunderbare Welt zu mir. Und dann weiß ich, selbst bei Vorträgen kann ich getrost sitzen und reden oder schweigen. Jetzt kommt Jesus und nicht irgendein Wissen. Da ist eben ein Unterschied zwischen Verkündigung und Theologie.

Das, was dich ändert, ist das Gebet. Es ist ein Verweilen bei Gott. Was dich in deinem Glauben vernünftig macht, ist die Theologie. Was dich aber lebendig und heilig macht, ist das Gebet. Beides zusammen muss unbedingt vorhanden sein. Das Problem liegt nur darin, dass wir zu wenig beten. Die Zunge kann nicht zu Gott. Das Herz muss zu Gott gehen.

Und das fehlt uns, kann ich nur immer wieder sagen. In der Welt haben wir zwar alles, aber es fehlt uns immer eine Kraft, die uns jetzt von Atombomben oder von verschiedenen Kriegen befreien kann, eine Kraft, die uns Menschen zusammenbringen kann und uns nicht in verschiedene Parteien spalten lässt.

Fehlt uns noch immer etwas angesichts dieser Fragen: Wer sind wir? Warum muss ich leben? Was ist mit mir? Was wird mit mir sein? Welche ist die Zukunft der Welt? Was ist der Tod? Warum muss man sterben?

Es geht uns jemand ab! Denn mit allem werden wir fertig, nur mit diesem geistlichen Bereich nicht. Der Mensch ist eigentlich ein Krüppel geworden. Nur psychisch, organisch, körperlich ist er irgendwie gut. Aber geistlich ist er ganz klein geworden. Er ist wie ein Kind. Deswegen haben die Leute so viel Interesse an Spiritismus, Magie und so weiter. Sie suchen einfach die Transzendenz und fragen: Was ist eigentlich da oben? Deswegen suchen sie nach Buddhismus, Hinduismus und so weiter, nach anderen Religionen und Gemeinschaften, damit sie das erraten können. Sie tun es, weil wir ihnen das nicht geben, was sie suchen.

Der größte Weise aller Zeiten aber ist Jesus von Nazaret. Er ist die größte Kraft. Er ist der größte Mensch der Veränderung. Und diese Kraft für die Menschheit sollen wir nehmen. Wir brauchen nicht gegen verschiedene Religionen und Sekten zu arbeiten, sondern wir sollen den Menschen diesen Reichtum des Christentums geben. Wenn jemand nur einen Stein in seiner Hand hält, ich aber gebe ihm Schokolade oder Bonbons, dann wird er sich für die Süßigkeiten entscheiden und den Stein wegwerfen. Denn er braucht mehr, mehr als den Stein.

So ist es auch besonders in der Demokratie. Die Kirche muss zeigen, ob sie wirklich diese größere Kraft hat oder nicht. Und sie hat diese Kraft. Sie hat eine göttliche und großartige Kraft. Sie hat das, was die anderen Religionen nicht können: Sie kann Sünden vergeben. Sie hat echte Informationen von der anderen Welt. Und sie hat Gottes Kraft gegen alles Teuflische, Negative und gegen das Leiden.

Das ist eine Sicherheit im Leben! Eine Sicherheit, dass Gott alles wieder gut machen kann. Aber ob wir das wohl nützen? Ich denke da nur an die heilige Messe. Wie feiern wir sie? Alle kommen und schauen oder sitzen in der Bank. Und dann kommt der Priester und sagt: Im Namen des Vaters... und bitte bekennen wir die Sünden... Aber niemand bekennt sie, obwohl alle das Bekenntnis sprechen. Wer aber sagt wirklich: Ich habe das und das getan. Bitte, verzeihe mir!

Oder der Priester sagt: Geben wir uns jetzt ein Zeichen des Friedens. Dann gibt es einen schnellen Händedruck, und schon ist Schluss. Und schon gehen wir wieder nach Hause. Ist dabei auch etwas geschehen? Denn in der Eucharistie geschieht diese wunderbare Änderung. Wir jedoch waren nicht in der Messe, sondern wir waren bei der Messe. Wir waren im Theater und haben etwas von diesem Theater genommen, vielleicht die Hostie. Aber Jesus haben wir in der Kirche gelassen, weil wir entweder nicht würdig waren oder noch Sünde, Hass oder Gebundenheit in uns war. Jesus konnte nicht zu uns kommen. Die Tür war verschlossen. Die Hostie konnte schon kommen, aber der Geist war verschlossen.

Das ist es also, was wir überlegen müssen. Ich sage das deswegen, damit wir sehen, wo die Probleme liegen und wo die Tür zu einer neuen Welt liegt, in der wir wirklich glücklich werden können. Es ist eine Welt, in der die größte Kraft liegt.

Die Kirche ist diese herrliche, wunderbare und göttliche Sache. Sie ist eine Kraft, größer als alle Atombomben. Aber das wurde noch nicht genützt. Sie steht noch immer da und wartet auf uns.

Also, auf zum Service ...

Deswegen wollen wir jetzt in die Werkstatt Gottes gehen. Und der erste Schritt in diesen Reichtum hinein führt durch die Umkehr. Was aber heißt "Umkehren"?

Kehre um! Das heißt *erstens,* dass du vielleicht bis jetzt der "Sonne" den Rücken zugewandt hast. Jetzt aber drehst du dich um und schaust in die "Sonne", zu Gott.

Umkehren heißt *zweitens:* Bis jetzt hast du Gott immer als irgendjemanden, als Objekt angesehen. Du hast über ihn gesprochen. Jetzt kannst du zu ihm "Du" sagen. Du kehrst also um von Gott als Objekt zu Gott als Subjekt.

Und *drittens* kehre um von einem Gott, zu dem du bisher Gebete gesprochen hast. Kehre um zu einem Gott, mit dem du jetzt sprechen und Gespräche führen kannst. Bisher hast du vielleicht Gebete rezitiert, jetzt kehrst du um und sprichst wenig, hörst aber viel zu.

Das richtige Gebet ist es, wenn du wenig sagst, aber viel zuhörst. Denn im Gebet hängt alles von Gott ab. Entscheidend ist, was Gott spricht, und nicht das, was du zu ihm sagst. Viele Leute sind heute ständig auf der Suche nach den besten Gebeten. Deswegen haben wir auch Gebetbücher und so weiter. Und sie sagen: Diese Gebete von diesen oder jenen Heiligen sind besser oder schöner. Es nützt dir jedoch nichts, wenn du sie auch zehnmal sagst. Denn Gott ist kein Götze.

Jesus sagt: Denke nicht, dass du von Gott wegen vielen Plapperns und wegen vieler Gebete erhört werden wirst *(vgl. Mt 6,7)*. Sage es nur einmal und dann warte. Sage ihm zum Beispiel: O Gott, ich bitte dich, bekehre meinen Mann.

Und dann warte und schaue zu ihm, wie er reagiert. Das ist wichtig!

Wenn du zum Arzt kommst, dann sagst du vielleicht: Ja, ich habe an dieser und jener Stelle Schmerzen. Und dann zeigst du ihm jene Stelle. Jetzt aber ist nicht mehr das wichtig, was du ihm gezeigt hast, sondern das, was er jetzt sagt. Wichtig ist, ob er sagt, das sei Krebs oder nur ein bisschen Rheuma. Und dann ist wichtig, wie er heilt. Du kannst ihm natürlich auch poetisch sagen, dass du Rückenschmerzen hast oder du kannst ihm die Information auch singen. Es gelten immer dieselben Regeln.

Achte also auf das, was er zu dir spricht. Das Gebet ist ein Gespräch. Wir warten so selten auf Gottes Wort, sondern sprechen einmal, zweimal, dreimal... Und wenn Gott sprechen will, dann schließen wir vorher mit der Bemerkung: Im Namen des Vater und des Sohnes... Amen! Jetzt muss ich arbeiten! Das sind ungefähr die fundamentalsten Dinge, die wir im Leben ändern müssen. Sonst sind wir unnütz. Versuche das wirklich so zu machen! Jesus sagt, wenn du betest, dann glaube, dass du es schon bekommen hast. Wenn ich um eine Gitarre bete, ist Gott vielleicht noch viel gütiger und würde mir zwei, drei, vier, oder sogar fünf Gitarren geben. Das ist natürlich im geistlichen Sinn gemeint. Aber so ist das eben mit dem Gebet. Also umkehren!

Dann sollst du *viertens* umkehren von einem Gott, dessen Wort du anhörst, zu einem Gott, dessen Wort du in die Tat umsetzen willst. Auch das ist Umkehr!

Ich schlage dir vor, du nimmst jetzt dein Notizheft und schreibst ein: Heute am ... ... *(Datum)* habe ich mich endlich umgedreht zu einem lebendigen Gott. Gott und ich leben zusammen, wir wollen Freunde sein. Jetzt weiß ich, dass ich mich immer waschen werde von meinen Sünden. Ich werde nie schmutzig bleiben. Ich wasche mich jeden Tag, damit ich immer wohlriechend und schön geschmückt zu dir kommen kann, mein Gott.

Und Gott sagt dir: Du wirst immer bei mir sein. Du wirst mein Liebster und meine Liebste sein. Ich werde dich dahin bringen, wo ich bin. Alles, was mir gehört, gehört auch dir.

Beichte ist wieder *in*

Der nächste Schritt in der Umkehr ist, die Sünde abzulegen. Nütze wirklich die Möglichkeit, unter die Dusche zu gehen. Die Beichte war lange nicht mehr modern. Jetzt ist sie auf einmal attraktiv geworden. Man sieht endlich langsam ein, dass die Psychiatrie nicht den geistlichen Bereich ersetzen kann. Die Psychiatrie hat einen eigenen Bereich, nämlich die Psyche. Die Ärzte haben den somatischen Bereich, den organisch-körperlichen Bereich. Die Kirche, die Religion und der Priester haben wiederum einen eigenen, den geistlichen Bereich. Und so sieht man endlich ein, dass der Mensch ohne Beichte einfach schmutzig, belastet, vergiftet und negativ wird. Und dann wird das Leben schwer. Wie ich bereits gesagt habe, ist die Beichte wie eine Dusche. Wenn du eine schwere Sünde getan hast, brauchst du die Beichte. Eine schwere Sünde ist es dann, wenn du innerlich weißt, dass es eine schwere Sünde ist, du entscheidest dich aber trotzdem, sie zu begehen.

Zur Beichte geht man nun, um die Sünde zu bekennen, nicht um irgendetwas zu erzählen oder mit dem Priester zu plaudern. Beichte ist auch keine geistliche Führung. Diese soll außerhalb der Beichte geschehen. Wenn ein Gast in dein Haus kommt, dann bringst du ihn auch nicht unter die Dusche, um mit ihm zu reden. Du bittest ihn in das Gästezimmer. So ist es auch hier. Die Beichte ist wie die Dusche. Und darum sagt man hier nur die Sünde. In der Beichte spricht man kurz über die Fehler. Sage nur kurz: Ich war eifersüchtig, neidisch, faul, egoistisch und so weiter. Es ist nicht nötig, ausschweifend zu erzählen.

Die Beichte ist wirklich nur dafür, die "schmutzige Wäsche" in die "Waschmaschine" zu geben. Da nimmst du die Wäsche nicht, um sie anzuschauen. Du nimmst sie vielmehr, um sie wegzuwerfen. Ebenso ist es mit der Sünde, je kürzer sie benannt wird, desto besser. Sicherlich ist es dabei wichtig, die Art und Weise der Sünde zu sagen, die Unterschiede in der Art der Sünde zu benennen. Du kannst in Gedanken, in Wünschen, in deiner Phantasie, mit deinem Willen oder in der Tat Unzucht getrieben haben. Oder du hast Selbstbefriedigung gemacht, warst mit Homosexuellen, Lesbischen oder mit Tieren entsprechend zusammen. Es gibt so vieles. Aber benenne es wiederum nur kurz.

Bleibe innerlich ganz frei, wenn du zur Beichte kommst. Die Kirche hat auch etwas Wichtiges für dich gegeben: das Beichtgeheimnis. Der Priester darf niemandem sagen, was du ihm erzählt hast. Die schwerste Sünde begeht er, wenn er es jemanden erzählt. Und er darf dich nie nach dem beurteilen, was du ihm gesagt hast. Er darf nicht mehr daran denken. Er muss das sozusagen im Abgrund versinken lassen. Die Kirche will uns damit die Liebe zeigen.

Du kannst natürlich zu einem Priester kommen, der dich kennt. Es ist gut, mit einer Freiheit zur Beichte zu gehen. Damit du einfach alles sagen kannst. Du sollst nicht behaupten, bei dem oder bei jenem Priester konnte ich nicht alles sagen.

Mach dir keine Sorgen, sage einfach, worum es geht. Die Beichte ist deine beste Sicherheit, dass Gott dir vergeben hat. Denn Jesus hat gesagt: Wem ihr vergebt, dem vergibt auch Gott. Und so wird es immer sein.

Manche fragen nun: Aber warum muss man dann sogar zum Priester kommen? Ich kann das doch Gott auch selbst sagen! Nun, es gibt keine Sünde, die nur Gott beleidigt hat, sondern auch Menschen, ja sogar jeden Menschen. Denn jede Sünde ist eine Öffnung der Welt für die Finsternis, für Krankheiten, für das Negative. Das ist so ähnlich, wie wenn Tausende Menschen in einem Boot wären. Wenn dann einer plötzlich unter seinem Stuhl ein Loch bohren würde, weil er das Wasser unter seiner Bank sehen will, dann kommen alle um. Er kann nicht sagen: Nein, das ist ja nur unter meiner Bank.

So ähnlich ist es, warum viele Menschen krank sind: Weil du gesündigt hast.

Es gibt keine private Sünde. Jeder negative, finstere Gedanke macht uns alle finster. Besonders die Worte, aber auch alles, was wir tun. Wir schwimmen und tauchen sozusagen in den Sünden. Es ist um uns herum so viel Negatives. Es ist wie im Wasser: Weil wir negativ sprechen, negativ denken und einander hassen, wird dieses Wasser sehr schmutzig. Das alles ist Realität. Und darum leiden wir.

Und darum müsstest du auch zu den Menschen gehen und sagen: Verzeihe mir! Weil du aber nicht zu jedem gehen kannst, gehst du zum Priester. Er vergibt dir im Namen von uns allen. Denke daran, der Priester tut das im Namen der Kirche, das heißt, im Namen der Menschen und im Namen Gottes. Das bedeutet gleichzeitig, wir alle haben dir in der Beichte vergeben. Und Gott hat dir auch vergeben. Das ist eine wunderbare Versöhnung, horizontal und vertikal.

Also ist es wichtig, in der Beichte alle schweren Sünden zu sagen. Sogar, wenn du einmal etwas nicht sagst, weil du es vergessen hast, ist alles in Ordnung. Es ist dir trotzdem vergeben. Nur wenn du meinst, das sei keine Sünde, Gott aber sagt, es ist eine Sünde, dann reagierst du falsch. Wenn Gott dir sagt: Das ist Sünde, das ist ein Hindernis zu mir!, du behauptest jedoch: Nein, ich brauche das nicht zu bekennen!, dann kann dir das auch nicht vergeben werden.

Was ist aber bei den Sünden gegen den Heiligen Geist?

Viele haben Probleme damit, weil sie nicht wissen, was hier zu tun ist. Eine Sünde gegen den Heiligen Geist ist gegeben, wenn du glaubst, dass die Sünde stärker ist als Gottes Barmherzigkeit, wenn du glaubst, dass der Teufel stärker ist als Gott, oder dass Gott dir deine Sünden nicht vergeben kann. Das bedeutet, du übergibst ihm nichts. Er will dich in den Himmel bringen, aber du willst nicht. Du sagst: Nein, das kannst du nicht.

Jede Sünde ist dir vergeben, wenn du nur willst. Und diejenigen, die aus verschiedenen Gründen nicht beichten können, weil sie zum Beispiel nicht getauft worden sind oder weil sie noch nie bei der Beichte waren, oder diejenigen, die in zweiter nicht-kirchlicher Ehe leben und so weiter, jene können trotzdem die eigenen Sünden vor Gott bekennen und bereuen. Dann ist auch ihnen vergeben. Einmal werden sie auch fähig sein, die Beichte abzulegen. Wichtig ist es, wenn du in einer schwierigen Lebenslage bist, vor Gott die Lösung wenigstens suchen zu wollen. Indem du suchst, bist du gerettet. Meistens aber meinen die Menschen, es sei ohnehin alles in Ordnung. Aber dann ist es nicht in Ordnung. Es ist wichtig, zu suchen. Suche mit deinem Pfarrer. Rede mit ihm oder mit deinem Beichtvater. Das sollst du wirklich nützen, denn jeder von uns kann Vergebung bekommen. Jeder kann zu

Gott kommen. Und suche in einer ehrlichen Art und Weise mit Gott eine Lösung, die dem entspricht, wie sie Gott durch die Kirche verlangt.

Die Kirche kann nicht gegen Jesus Christus entscheiden. Aber denk daran, es gibt niemals eine Zeit, wo du nicht zu Gott kommen kannst. Auch die Milliarden von Menschen, die nicht zur Beichte gehen können, weil sie nicht Christen sind, können trotzdem ihre Sünden bekennen und bereuen und zu Christus kommen. Und sie können wirklich auch Geistesgaben haben. Es ist viel besser auf diese Weise, anders bist du nicht sicher. Der rechte Schächer hat auch nicht gebeichtet. Er konnte nicht, denn die Beichte kam erst, nachdem Christus gestorben war und Rettung gebracht hatte. Deswegen seien wir nicht so eng und ängstlich, sondern suchen wir wirklich Gott, wie es uns die Kirche und das Evangelium sagen. Jeder hat seine eigene Lebenslage und suche in dieser Lage. So kann jeder heilig werden.

Bleibt noch zu sagen: Die Beichte ist wie die Tränentaufe, so sagt uns der heilige Augustinus. Zuerst sind wir mit Wasser und mit Heiligem Geist getauft worden, jetzt aber werden wir mit Tränen übergossen. Hab den Mut, viele Sünden zu nennen. Es ist schade, wenn du nur wenige erzählst. Jeder von uns sündigt viel und vergisst dann die Sünden.

Deswegen ist es gut, zum Heiligen Geist um Erleuchtung zu beten, bevor du die Sünden suchst. Dann wird er sie dir schon zeigen, und dann wirst du froh sein. Vergiss nicht, der Priester wird dich wirklich mit Freude annehmen, wenn du viele Sünden hast. Die Sünden aber fallen mit der Zeit ins Unterbewusstsein, bleiben dort und zerstören uns. Darum ist jeder Priester irgendwie traurig, wenn er weiß, die Sünde ist geblieben und der Mensch will sie nicht hergeben. Gebe sie ihm ruhig, je mehr, umso besser. Ich habe natürlich nicht gesagt, du sollst sündigen. Wir sündigen schon genug und zuviel.

Bete also vor der Beichte. Und dann überlege Tag um Tag, was du alles getan oder was du nicht getan hast.

Bei der Beichte selbst grüßt du und sagst: Ich bin gekommen, um zu beichten. Meine letzte Beichte war vor so und so vielen Jahren oder so ähnlich. Dann erzählst du die Sünden. Nun bekommst du vom Priester eine Buße. Hierfür eignet sich sehr ein Gebet, durch welches du den Heiligen Geist annehmen kannst. Er soll jetzt in dein Herz kommen. Dort nämlich, wo die Sünde war, soll der Heilige Geist jetzt wohnen. Dann wird die Sünde nicht mehr zurückkommen können. Das Gebet ist wie ein Rohr, durch welches der Geist Gottes zu dir kommen kann, um in dir zu bleiben. Darum ist die Buße wichtig.

Und dann ist es gut, auf eines noch zu achten: Wenn du schon regelmäßig zur Beichte gehst, dann lasse zuerst jene gehen, die vielleicht erstmals gekommen sind, die besondere Anliegen haben oder vielleicht lange nicht mehr gebeichtet haben.

Und als Hausaufgabe bitte ich dich, jetzt einen kurzen Brief an Gott, den Vater zu schreiben. Schreibe heute das, was dir auf dem Herzen liegt.

7. Befreit und geheilt in die Zukunft

Versuche jetzt bewusst, die Wurzel deines Lebens heilen zu lassen. Diese Wurzel des Lebens sind deine Kindheit, deine Empfängnis, die Zeit deiner Schwangerschaft, deine Geburt und besonders die ersten drei Lebensjahre. Das sind die Zeiten, in denen wir unbewusst waren, in denen wir verschiedene Schockeinwirkungen, Stress, wie auch Mangel an der Liebe nicht verarbeiten konnten. Das heißt, vieles ist in uns geblieben und sehr oft in das Unterbewußtsein gefallen. Und da liegt es nun. Es beunruhigt uns, aber wir wissen nicht warum und woher.

Da können wir wunderbar heil werden, wenn wir uns einfach auf Gottes Arm oder Schoß setzen. Gott ist der Vater. Also lehne dich an die Brust des Vaters und genieße einfach, wie es ein Kind von einem Jahr tun würde. Oder wenn deine Mutter streng war, wenn du ohne Mutter warst oder vielleicht die Liebe der Mutter nicht bekommen hast, dann kannst du dich auf den Schoß der Muttergottes legen.

Jesus hat gesagt: Sieh, deine Mutter! Und: Mutter, siehe dein Kind! Darum hast du das Recht, als Kind Gottes wirklich hier zu sitzen. Glaube daran, dass deine Seele wirklich auf dem Schoß Gottes ruht. Gehe hin, lege deinen Kopf auf seine Schultern und schlafe ein. Wenn du wirklich Vertrauen hast zu Gott, dann wirst du fast einschlafen. Wenn du aber kein Vertrauen hast, dann wirst du immer aufpassen müssen, was geschehen wird.

Befreiungsgebet und Heilungsgebet

Wir wollen uns jetzt einer besonderen Thematik zuwenden. Es geht um das Befreiungsgebet und um das Heilungsgebet. Beim Befreiungsgebet hat eine Befreiung von allen Süchten und Gebundenheiten an das Böse und Negative als Ziel. Das Heilungsgebet jedoch soll unser Herz heilen oder im Herzen jene Wunden und Verletzungen heilen, die uns zum Bösen führen. Wenn wir also von Heilung sprechen, dann meinen wir in erster Linie nicht eine körperliche oder psychische Heilung, sondern die geistliche Heilung. Und wenn wir geistliche Heilung sagen, dann ist immer die Frage: Was oder wer ist der Geist in uns? Was heißt Geist?

Wie wir wissen, gibt es in unserem Leben oder in unserer Persönlichkeit drei Bereiche. Der erste Bereich ist immer der körperliche, der zweite ist der psychische, der dritte Bereich aber ist der geistliche Bereich. Alle zusammen sind keine irgendwie getrennten Bereiche, sondern sind zusammen immer ein ganzer Mensch. Das heißt, es handelt sich hier um verschiedene Fähigkeiten im Menschen selbst. Der Mensch ist ein Wesen, seine Person ist also eine Schöpfung, die in der Erde verwurzelt ist. Und trotzdem ist sie auch tief im Himmel verwurzelt. Der Mensch bewegt sich zwischen Gott und der Erde, zwischen der toten Materie und dem Leben selbst. So können wir sagen: Der Mensch ist eine Brücke zwischen Gott und der Materie. Die Heilige Schrift spricht davon, dass der Mensch die Krone der Schöpfung ist. Das heißt, alles, was von Gott geschaffen wurde, ist auf den Menschen hin geschaffen. Es ist auch auf den besten Menschen der Weltgeschichte hin geschaffen, auf Jesus von Nazaret: Jesus Christus, Gottes Sohn, Mensch und Gott.

Der Mensch hat nun die materielle Seite in sich. Unser Körper ist materiell. Wenn die Seele einmal aus dem Körper ausgezogen ist, dann sieht man, dass er leblos ist. Der Körper funktioniert nur nach chemischen und physikalischen Gesetzen. Physik und Chemie haben kein Leben in sich. Deswegen können die Ärzte das Leben nicht retten, sondern sie retten nur das Funktionieren des Körpers.

Zwischen Körper und Geist steht die Psyche. Durch die Nerven ist diese Psyche mit dem Körper, also mit der Materie, verbunden. Und mit dem, was wir Psyche oder Seele nennen, ist schließlich der Geist verbunden. Die Wissenschaftler, besonders die Atomphysiker, versuchen lange diese Verknüpfung, die Brücke zwischen Geist und Leib zu finden. Und sie sagen, da sei ein Abgrund. Physikalisch gesehen gäbe es keine Möglichkeit, diese Brücke zu sehen und man könne sie nicht finden.

Das heißt also, dass der Geist ganz anders ist, als der Körper selbst. Der Geist ist das Leben selbst. Und dieser Geist, können wir sagen, ist in der Seele, in der Psyche. Der Mensch besitzt also Körper und Geist. Im Religionsunterricht sprechen wir von Leib und Seele. In der Seele aber unterscheiden wir zwischen Geist und Psyche. Der Geist jedoch ist die Quelle des Lebens. Er ist das, was uns mit Gott verbindet. Die Psyche wiederum ist das, was uns mit dem Körper verbindet.

Der heilige Paulus sagt, dass die Psyche oder Seele in uns noch sehr weltlich ist. Er spricht vom "Homo psychicos", das heißt, vom "psychischen Menschen". Dieser ist weltlich und wie er sagt, sogar Feind des geistlichen Menschen.

Wenn wir dann fragen, was der Geist in uns eigentlich ist, dann sagt uns die Bibel: Der Geist heißt hebräisch "ruah" und ist gleichzusetzen mit Wind oder Atem. Deswegen spricht auch Jesus davon, dass der Geist wie Wind wirkt. Darum können wir auch sagen, dass der Geist in uns atmet und jener ist, der Atem in uns bringt: Ein- und Ausatmen. Und da wir vom Atem abhängen, ist dieser Atem eigentlich wie das Leben selbst. Wenn wir einmal den Geist ausatmen, dann sind wir tot. Von Jesus heißt es, er hat den Geist ausgehaucht.

Im Griechischen versteht man unter diesem Geist den Geist Gottes und den Geist, der Menschen unsterblich macht. Man nennt ihn "Pneuma". Die Psyche aber ist das Leben der Pflanzen und der Tiere.

Die Bibel spricht nun davon, dass Gott einmal Menschen schuf und dass er dann Lebensatem in diese Menschen einhauchte *(vgl. Gen 2,7)*. Und sie sagt weiter: Dann wurde der Mensch "lebendige Seele". Die Bibel sagt nicht, da wurde der Mensch lebendig oder lebendiger, sondern sie sagt "lebendige Seele". Also gibt es auch eine nicht lebendige Seele. Was ist aber eine Seele, die nicht lebendig ist? Wir haben die Seele nicht in dem Moment bekommen, in dem Gott uns den Lebensatem eingehaucht hat. Sondern wir hatten vorher schon eine lebendige Seele. Wenn man von der Evolution spricht, da meint man, dass der Mensch vielleicht einmal ein Tier war. Das heißt, der Mensch hatte schon eine Seele, aber eine tierische Seele. Also eine Seele, die im Tod zusammen mit dem Tier stirbt. Gott konnte also ein Tier oder eine Pflanze nehmen, diesen Körper umformen, und dann lebendigen Geist einatmen. So wurde der Mensch eigentlich zum Menschen. Darum ist er ganz anders als das Tier. Das heißt, zwischen Mensch und Tier gibt es keine Evolution. Da ist nur Abgrund. Davon spricht auch die Evolution selbst. Es ist unmöglich, diese Brücke in der Evolution zu finden. Am Anfang gibt es also eine begrenzte Evolution, aber zwischen den Menschen und Tieren nicht. Was aber ist daraus zu schließen, wenn Gott den Lebensatem in diese unsere Seele eingeatmet hat? Von diesem Moment an sind wir Gott ähnlich geworden. Von diesem Moment haben wir Gottes Geist. Von diesem Moment haben wir eine unsterbliche Seele. Indem wir so atmen wie Gott selbst, sind wir unsterblich, und das ewig. Wenn nun unser Körper stirbt, sterben wir nicht, sondern leben weiter mit Gott und in Gott.

Wenn man Psychiatrie oder Psychologie studiert, dann sieht man sehr oft diesen großen Unterschied leider nicht. Besonders in der materialistischen Psychologie unterliegt man diesem Irrtum. Und darum wird immer nach diesem Geist gefragt. Dieser jedoch ist in der Seele selbst. Das Prinzip des Lebens ist die Seele, die Quelle des Lebens aber ist, biblisch gesagt, der Geist.

Wenn nun zum Beispiel ein Mensch mit Gott in Feindschaft steht, also in schwerer Sünde steckt, dann geschieht von außen gesehen nichts. Die Menschen glauben darum, sie würden weiterleben. Das ist aber Betrug. Dieser Mensch ist nämlich wieder, fast würde ich sagen, nur Psyche geworden. Der Geist ist sozusagen von ihm weggenommen, zurück zu Gott. Der Mensch lebt von außen gesehen psychisch weiter, aber mit Gott ist er nicht mehr verbunden. Er hat, ebenso könnte man fast sagen, keine unsterbliche Seele mehr. Aber irgendwie sind die Fußstapfen von dieser unsterblichen Seele oder diesem Geist noch da. Das heißt, dass dieser Mensch auch nach dem Tod lebt. Aber wie? Wir nennen es Hölle. Der Mensch stirbt nicht wie die Pflanzen oder wie die Tiere. Er lebt aber auch nicht wie Gott. Er lebt auch nicht wie die Menschen, die mit Gott in Verbindung stehen. Das ist eigentlich die Hölle.

Darum ist es ein tragisches Geschehen, wenn man sündigt und sich von Gott trennt. Wir meinen oft, da geschehe nichts, aber das ist falsch. Denn dann lebt man nicht mehr ewig. Du lebst "unter der Erde" sozusagen, in der "Welt der Toten", wie es die Bibel auch ausdrückt.

Den "Geist in uns" zu haben heißt demnach, ganz menschlich zu sein, ewig und unsterblich, ganz Gott ähnlich zu sein. Der "Geist in uns" ist eigentlich die Verknüpfung mit der ganzen geistlichen Welt. Geist heißt demnach: Leben in uns. Deswegen kann mir mein Leben niemand nehmen. Nur ich selbst kann das tun, wenn ich mich von Gott trenne.

Bindungen wollen uns zerstören

Im Befreiungsgebet geht es um die Bindungen, Süchte und Blokkaden, welche die Seele und den Geist in uns blockieren. Gott wirkt durch seinen Geist. Wenn wir den Geist haben, dann ist Gott immer unmittelbar in uns oder bei uns. Er wohnt in uns, sagen wir. Er spricht in uns. Wir sollen also befreit werden von allem, was uns tötet, was Sünde ist, was eigentlich nur mit der Materie verknüpft und den Menschen nicht auch geistlich und göttlich sein lässt.

Gehen wir aber jetzt praktisch weiter! Es wäre deshalb gut, auch das Notizheft zu nehmen und aufzuschreiben, welche Blockaden, welche Bindungen und welche Süchte du in dir hast, damit du sie dann vor Gott tragen kannst, um davon befreit zu werden.

Der Geist in uns ist eigentlich das Leben. Alle Blockierungen aber binden uns an den Tod und an die Zerstörung des Lebens. Darum befreit das Befreiungsgebet eigentlich das Leben in dir selbst. Und der Geist belebt sogar deinen Körper. Das heißt, du kannst organisch geheilt werden, wenn der Geist in dir immer lebendiger wird.

> *Welche sind nun diese Süchte,*
> *diese Bindungen,*
> *oder Blockaden in dir?*

Es gibt Blockaden in verschiedenen Bereichen:

Der erste Bereich: die Sünde

> *Überlege,*
> *an welche Sünde bist du ganz gebunden?*
> *Von welcher Sünde kannst du dich nicht befreien?*
> *In welche Sünde fällst du immer wieder?*
> *Welche Sünde bedroht besonders dein Leben?*

Schreibe in dein Heft!

> *Welche Sünde hält dich eigentlich in Sklaverei?*
> *(Ob schwere oder kleine Sünde, das ist egal.)*
> *Suche und schreibe:*
> *Von welcher Sünde möchtest du befreit werden?*

Von welchem Fehler,
von welcher Ohnmacht,
von welchem Negativen willst du frei sein?
Was macht dich unmenschlich?
Ist es eine geheime oder eine öffentliche Sünde,
eine schwere oder leichte?

Der zweite Bereich: die Süchte

Welche Süchte hast du in deinem Leben?
Alkohol?
Zigaretten?
Tabletten?
Sex?
Geld?
Drogen?
Mode?
Die Sucht zu essen?
Wo bist du gebunden?
Wo bist du Sklave oder Sklavin?
Wo möchtest du frei werden, kannst es aber nicht?
(z.B.: Vielleicht arbeitest du Tag und Nacht,
um etwas Geld zu haben.
Und immer verlierst du dein Leben für das Geld.)
Aber warum nur?
Oder du kannst gar nicht arbeiten.
Du musst Tag und Nacht schlafen.
Oder bist an Sex oder Unzucht gebunden?
Oder lebst du ganz in einer Furcht vor Sex?

Der dritte Bereich: die Krankheiten

Leidest du unter irgendwelchen Krankheiten, so dass du dich immer wieder
Operationen unterziehen musst?
Oder fallen ganz eigenartige Krankheiten auf dich oder auf deine Familie;
oder auch Unfälle und so Ähnliches?
Oder hast du eine Krankheit, welche die Ärzte nicht erkennen?
(Sie können nichts finden, aber du leidest schrecklich darunter.)
Oder gibt es in deiner Familie eine psychische, körperliche, oder geistige Krankheit?

Schreibe alles auf, wovon du befreit werden möchtest. Auch deine Familie kann durch dich befreit werden. Viele Krankheiten können nicht durch die Ärzte geheilt werden, selbst durch Psychiater nicht. Diese Krankheiten haben ihre Ursachen im geistlichen Bereich. Die Symptome aber sind im Körperlichen. Wenn du nun durch das Befreiungsgebet frei wirst, ist auf einmal auch im Körperlichen die Krankheit weg. Das ist ganz normal.

Es ist auch interessant zu bemerken, dass die Menschen besonders im charismatischen Umfeld versuchen, die Menschen körperlich zu heilen. Und dann fragen sie, warum sie nicht alle Leute heilen können. Nach der großen Frage "Warum?" kommt dann die Ausrede, es sei vielleicht nicht Gottes Wille, dass alle gesund werden.

Gott hat uns Ärzte gegeben, um Krankheiten zu heilen. Das ist der Wille Gottes. Dasselbe gilt für die Psychiatrie. Wo aber körperliche Krankheiten im Geistlichen wurzeln, da müssen sie auch im Geistlichen behandelt und geheilt werden.

Ich kenne viele Fälle, wo die Menschen fast im Augenblick, da sie vergeben hatten, geheilt wurden. Man konnte schon am zweiten, dritten Tag wirklich auch körperlich, also symptomatisch sehen, dass die Krankheit zurückging und die Menschen später sogar ganz gesund wurden. Ich sehe darin natürlich auch, dass man sicherlich nicht alle gesund machen kann, weil Gott nicht gekommen ist, um die körperlichen Krankheiten zu heilen, sondern die geistlichen Krankheiten. Wo die Ursachen im Körperlichen sind, werden sie durch die Medizin geheilt.

Die Kirche ist für die geistlichen Krankheiten zuständig. Wie schon gesagt, sind es drei Bereiche! Darum brauchen wir sehr dringend: Psychiatrie, Krankenhäuser und "Geistliche Kliniken".

Ich habe vor einigen Jahren für Zagreb eine solche Klinik entworfen. Es war im August 1990. Sie wurde innerhalb einer Woche vom Staat zuerst als humanitäre Organisation eingestuft. Der Staat stellte sogar sofort einige Räume zur Verfügung, wie auch finanzielle Unterstützung für einen Dienstposten. Weil aber damals Krieg war, konnten sie keine weiteren Mittel bewilligen. Aber ich habe jetzt schon mehrere Personen, die hier arbeiten: Ärzte, Psychologen und andere, alle mit qualifizierter und spezieller Ausbildung. Diese werden dann auch bei uns geschult. Sie arbeiten täglich von acht Uhr morgens bis acht Uhr abends. Sie haben bereits Anmeldungen für fünfzehn Tage im voraus, so viele Patienten kommen. Wir werden auch wissenschaftliche Beweise liefern. Nach diesen Tests kann man als Diagnose feststellen und beweisen, dass die Ursachen bestimmter Krankheiten nicht körperlich und nicht psychisch sind, sondern sich wirklich im Geistlichen befinden.

Nach einer solchen Diagnose kann man eine Therapie im geistlichen Sinn verordnen. Das sind verschiedene Gebete oder verschiedene Worte Gottes, die wirklich die Menschen heilen. Das ist alles sehr interessant für uns.

Wir haben schon so viel zu tun, dass wir jetzt auch anderswo solche Kliniken eröffnen wollen. Eigentlich sollte die Kirche eigene Kliniken haben. Wir sollten nicht nur in den Krankenhäusern und nicht nur für den Körper arbeiten. Denn das Wichtigste ist es, den Geist zu heilen. Ihn zu heilen, heißt einen Menschen zu ändern, aus einem Unmenschen einen Menschen zu machen, aus einem bösen Menschen einen guten Menschen zu machen. Wenn jemand feige ist, wird er mutig, wenn jemand im Hass steckt, kann er eine ganze Umkehr erleben und damit eine neue Beziehung zu Gott und den Menschen bekommen. Das heißt, er kann lieben. Dadurch sind bereits viele Menschen im Psychischen wie auch im Körperlichen geheilt worden.

Wo bisher so viele Psychosen, Schizophrenie und so weiter als unheilbar galten, sehen wir langsam ein, dass es eine Hoffnung gibt, sie zu heilen. Auch Psychiater sehen das mehr und mehr ein. Sehr viele Krankheiten könnten ganz leicht entdeckt und geheilt werden, wenn Ärzte, Psychiater und Priester zusammenarbeiten würden.

Auch die Bibel spricht schon davon, dass viele körperliche Krankheiten im geistlichen Bereich entstehen. Sie spricht von Knochenleiden und Nierenleiden, von Herzleiden, Lungenleiden und vielen anderen Krankheiten, die aus dem geistlichen Bereich kommen. Aber sie spricht dann auch davon, dass diese Krankheiten oft moralischen oder geistlichen Ursprungs sind. Solche Ursachen sind oft Ungerechtigkeit oder Hass. Zum Beispiel das eigene Haus zu verlieren oder die liebste Person im Leben zu verlieren, das sind Beispiele für das tiefe Leiden, von denen ein Mensch nur im geistlichen Bereich befreit werden kann.

Der vierte Bereich: Ängste und Furcht

Es gibt eine existentielle Furcht und Angst. Da ist eine Angst, wenn deine Eltern dich nicht gewollt haben oder wenn die Schwangerschaft zu schwierig war. Dann spürt das Kind vielleicht eine Ablehnung durch die Eltern. Es fühlt sich bedroht und wehrt sich dann dagegen. Ein solcher Mensch versucht alles, um im Leben beliebt zu werden, damit die Eltern und die anderen ihn annehmen und lieben. Das ist ein großer Mangel an der Liebe. Und wenn es ihm nicht gelingt, dann versucht er gegen die Eltern zu protestieren. Und wenn das auch nicht gelingt, versucht er, die anderen zu töten, Kriege im Kleinen wie im Großen zu führen. Wenn das auch nicht zu seinem Ziel führt, bleibt dann nur noch Selbstmord. Er wirkt zerstörerisch gegen sich selbst.

Überlege also jetzt, wo du verschiedene Ängste und Furcht hast. Und schreibe sie in dein Heft! Das ist wichtig, denn später werden wir dann ein Befreiungsgebet gegen diese Bindungen beten.

Wovor hast du Furcht?
vor dem Tod?
vor Krebs und Krankheit?
davor, nicht geliebt zu sein, nicht wertvoll zu sein?
vor Schlangen oder vor anderen Tieren?
Hast du Angst vor Gott?
Hast du Furcht, die Arbeit zu verlieren,
ledig zu bleiben,
keine Kinder zu haben,
den Ehepartner zu verlieren,
das Haus oder die Wohnung zu verlieren?
Hast du Angst, dass einmal Krieg in dein Land kommt?
Hast du Angst vor der Atombombe,
vor der Polizei,
vor dem Straßenverkehr,
vor den Höhen,
vor Wasser?
Hast du Angst vor dem Gebet,
Angst vor der Beichte,
Angst vor Kindern,
Angst vor der Ehe?
Angst vor der Angst? (Das ist die schwerste Angst!)
Wo liegt deine größte Furcht?

Schreibe alles auf!

Der fünfte Bereich:
verschiedene geistliche Bindungen

Es gibt Bindungen auch an geistliche Wesen. Du kannst an die Toten gebunden werden: an die tote Mutter, den toten Vater, an die tote Großmutter und so weiter. Wenn du nun gebunden bist, dann geschieht es auch, dass durch diese Gebundenheit ihre Sünden zu dir kommen, auch ihre Süchte und ihre negativen Dinge und Krankheiten, wie Alkoholismus, Zigarettensucht, Sexsucht, Fluchen, Verfluchung und andere. Selbst ein Fluch über die ganze Familie kann vererbt werden.

Antworte deshalb auf diese Fragen:

Wurde in deiner Familie jemand verflucht?
Wurde in deiner Kindheit, in deiner Familie geflucht
(durch den Vater, den Großvater und so weiter)?
Wurdest du "zum Teufel geschickt"
oder zu Negativem?
Hat dir jemand Angst eingejagt?
Hast du Spiritismus betrieben?

Eines davon bedeutet schon, gebunden zu werden an dämonische Kräfte. Spiritismus ist gefährlich auch für die Psyche. Spiritismus betreiben heißt, die verstorbenen Geister oder dämonische Geister anzurufen.

Beantworte daher:

Wurde in deinem Haus oder in deiner Familie solches getan?
Hattest du etwas mit Magie zu tun?
Hast du Schwarze oder Weiße Magie betrieben?
Wahrsagerei? Handlesen? Kartenlesen?

109

Hast du mit Horoskopen zu tun?
Astrologie? (Unterscheide: nicht Astronomie, denn das ist
eine Wissenschaft!)

Astrologie ist nämlich bereits eine Magie. Außerdem ist es möglich, dass in verschiedenen anderen Praktiken von heute viel Okkultes und Magisches verborgen ist. So ist es auch bei manchem, das aus verschiedenen heidnischen Religionen stammt. Bei Yoga zum Beispiel, bei Transzendentaler Meditation. Bei letzterer handelt es sich um Spiritismus, um Anrufung von Göttern. Da öffnet man sich einem unbekannten Geist. Auch bei Yoga kann das geschehen. Wenn man scheinbar sinnlose Silben meditiert oder spricht, dann ist das bereits eine Anrufung. Dieser Tantrismus ist bekannt aus dem Taoismus, wie auch aus dem Hinduismus und dem Buddhismus. Dabei handelt es sich schon um eine magische Praxis.

Wenn man mit solchen Dingen Kontakt hat, im Glauben aber nicht fest ist, kann man Schaden erleiden. Wenn man aber wirklich Christ ist, dann kann einem das nichts anhaben. Habe deswegen keine Sorge! Oder wenn du nicht daran glaubst, dann kann dir das auch nicht schaden. Keine Akupunktur oder Akupressur wird dir dann schaden, sondern dir helfen, weil sie etwas Normales und Naturechtes wird. Wenn aber eine religiöse Dimension dazu kommt, wird es leicht dämonisch. Es kann dir aber auch dann nicht schaden, wenn du den Namen Jesu anrufst.

Es ist immer wichtig, mit dem Namen Jesu auf den Lippen und im Herzen zu sein. Man braucht dann keine Angst zu haben. Es gibt so viele Menschen, die einfach vor allem Möglichen Angst haben. Aber warum nur? Sicher gibt es verschiedene Sekten, die jetzt boomen, wie Moon, Saibaba oder die Krishna-Sekte und viele andere. Es gibt heute also viele Richtungen. Die werden alle aus dem Heidentum herausgetragen und zwar meistens durch die New-Age-Bewegung. Diese glaubt, dass die Zeit des Fisches vorbei ist. Das bedeutet gleichzeitig, dass die Zeit von Christentum und Christus vorbei ist. Wie sie sagen, komme nun die Zeit von Aquarius, dem Wassermann. Das heißt aber eigentlich, die Zeit von Luzifer. Und weil die Zeit des Christentums vorbei ist, müsse man dieses auch entfernen. Das Christentum, meinen sie, habe viele Kriege gebracht, aber auch die ganz falschen Methoden unserer Vernunftwissenschaft. Und man müsse jetzt eine ganzheitliche, holistische Wissenschaft einführen. Deshalb solle man jetzt das Heidentum einführen. Durch die verschiedenen Praktiken des Heidentums und der heidnischen Religionen würden die Menschen und ihr Gewissen verändert werden. Und das könne entweder durch verschiedene magische oder durch andere religiöse und heidnische Praktiken, wie Spiritismus, getan werden. Dabei gibt es viel Schwarzes und Negatives.

Und sie glauben, diese Zeit sei heute schon ganz da. Sie sind überzeugt, sie hätten schon gesiegt. Sie halten verschiedene Kongresse über diese New-Age-Bewegung. Und sie wollen in allen Schichten der Gesellschaft diese Bewegung vertreten haben.

Es wurden bereits unzählige Bücher aus der Sicht des Christentums, wie aus der Sicht der New Age Bewegung geschrieben. In der christlichen Literatur wird eigentlich davor sehr gewarnt, weil alles Negative, was von früher noch an Wahrsagerei, Magie und Sekten vorhanden ist, jetzt zum Vorschein kommt. Das Christentum, Moslems und Judentum würden verfolgt werden, sagt man von christlicher Seite, weil diese nur Feinde der Bewegung seien. In diesen Büchern wird meistens davon gesprochen, dass es sich hier um eine sanfte Verführung handle, da weitgehend die Terminologie des Christentums verwendet wird.

Viele Menschen unter uns glauben, alles aus dem Heidentum, aus Hinduismus, Buddhismus, Taoismus und so weiter sei gut. Und sie nehmen alles mit. Viele Christen gehen zu Bewegungen und Sekten, weil sie nicht wissen, was eigentlich in diesen steckt.

Von außen her erscheint alles gut: Die Transzendentale Meditation, heißt es, sei eine kreative Intelligenz. Jetzt aber spricht man bereits von einer degenerativen, also von einer geistigen und körperlichen Verfall begünstigenden Intelligenz. Darum ist es wichtig, durch Lesen und so weiter sich darüber zu informieren. Wenn man nämlich einmal diese Änderung des Bewusstseins erlebt hat, dann ist es schwierig, wieder zurückzugelangen. Dann hat man schon eine Blockade. Da hat man schon irgendetwas, wodurch man nicht mehr zwischen richtig und falsch unterscheiden kann. Und deswegen ist das gefährlich. Solange man noch in der Lage ist, darüber zu sprechen und diskutieren, ist alles in Ordnung. Wenn aber diese Änderung des Bewusstseins einmal geschehen ist, dann bist du jenseits dieser Grenze.

Indem du aber mit Christus in Verbindung stehst, kannst du gelassen weiterleben, deine Aufgaben erfüllen und anderen helfen. Darum ist es wichtig, mit Gott in Verbindung zu stehen. Gegen alle geschaffenen Gefahren kann nur Gott helfen. Er ist nicht geschaffen, er ist ewig und absolut. Es genügt, mit Gott in Verbindung zu kommen. Dann brauchst du keine Gefahr in all diesen Dingen sehen, sondern du kannst weiterhin frei leben. Jesus Christus ist gekommen, um uns von all dem zu befreien.

Es ist wichtig, diese zwei Gegenpositionen richtig zu sehen. Man braucht keine Angst zu haben, soll aber auch nicht zu naiv und uninformiert sein. Viele haben nämlich Angst und meinen: Das ist schrecklich, was da auf uns zukommt. Die anderen wiederum sagen: Das ist wunderbar, das ist gut. Es wird eine neue Welt kommen.

Beides ist dieselbe Verführung. In der Mitte liegt die Wahrheit. Ob etwas richtig ist oder nicht, kann man nur aus dem Heiligen Geist sehen. Die Unterscheidung der Geister ist heute an der ersten Stelle zu suchen. Nur durch diese Unterscheidung kannst du richtig sehen, was da alles geschieht.

Der Philosoph Nietzsche spricht davon, dass wir Gott getötet haben. Und deswegen wissen wir jetzt nicht, was oben oder unten, was links oder rechts ist. Jetzt weiß man nichts mehr. Jetzt hat man keinen Punkt mehr, von welchem aus man verschiedene Richtungen beurteilen kann. Jetzt gibt es kein Zentrum mehr.

Wenn es Gott nicht gibt, dann ist alles erlaubt. Dann gibt es auch keinen Menschen mehr. Denn wenn wir die Schöpfung anbeten, dann sind wir verloren. Darum ist es heute notwendig, die Menschen an Gott zu binden. Mit Gott kann ich frei werden. Niemand kann mir dann etwas antun.

Möchtest du frei sein?

Wenn du von irgendetwas befreit werden willst, dann schreibe weiter auf:

Was erfährst du in deinem Leben
oder besonders in deiner Familie noch schwer?
Hast du vielleicht Alpträume?
Kannst du abends nicht einschlafen?
Oder kannst du morgens nicht aufstehen?
Bist du zu depressiv?
Bist du selbstmitleidig?
Bist du aggressiv?
Wirfst du den anderen gerne etwas vor?
Hast du vielleicht Selbstmordgedanken
oder hast du Selbstmordversuche hinter dir?
Oder gibt es ähnliche Vorfälle in deiner Familie?
Bist du eifersüchtig?
Oder ist jemand auf dich eifersüchtig?
Geschehen in deiner Familie viele Unfälle?
(Das kann ein Zeichen dafür sein, dass da ein geistliches
Problem vorliegt.)
Oder kannst du keine Kinder bekommen?
(Da kann ein Fluch im geistlichen Bereich liegen.)
Oder kannst du dich mit deinem Ehepartner nicht mehr
verständigen?
(Vielleicht verstehst du nicht, warum das so ist. Aber da
kann auch

etwas dazwischen liegen. Hier kann man durch
das Befreiungsgebet
wirklich viel wieder gut machen.)
Oder siehst du in der Politik vielleicht nur Negatives,
oder in der Kunst,
oder in der Kultur,
oder überhaupt in unserer Zivilisation?
Hast du verschiedenen Ängste
oder Traurigkeiten?
Leidest du unter Sinnlosigkeit,
unter Hoffnungslosigkeit
oder unter Gottlosigkeit?

Für all das gibt es das Befreiungsgebet! Dieses Gebet wird aus dem Buch "Die Feier der Eingliederung Erwachsener in die Kirche", herausgegeben von den Bischofskonferenzen Österreichs, Deutschlands, Luxemburgs und der Schweiz, gebetet. Anhand dieses Buches nämlich führt man die Erwachsenen zur Taufe. Und aus diesem Buch betet man für diese Erwachsenen, bevor sie zur Taufe gehen. Dreimal betet man für sie in einem Abstand von einer oder zwei Wochen eben gegen diese verschiedenen Bindungen. Dabei geht es jedoch nicht um Exorzismus. Diesen darf man nicht ohne Erlaubnis der Kirche durchführen.

Diese Gebete spricht man, indem man die Hände über die Menschen ausstreckt. Dieses Zeichen in der Kirche bedeutet Anrufung des Heiligen Geistes, das heißt, der Heilige Geist möge kommen und den betreffenden Menschen befreien. Handauflegung ist auch ein Zeichen dafür, dass Gott etwas verändert, dass er uns zu seinen Kindern macht und uns beschützt.

Dieses Gebet dürfen die Bischöfe über die Leute beten, ebenso Priester und Diakone, aber auch Laien, wenn sie Religionsunterricht geben oder so etwas wie ein Katechumenat für Erwachsene führen. Man kann aber auch sagen, Vater oder Mutter könnten auch über die Kinder beten, wenn sie den eigenen Kindern helfen wollen. Sie sollen es aber nicht öffentlich tun.

8. Gottes Heil erwartet dich

Anders als das Befreiungsgebet ist das Heilungsgebet. Hier geht es um die Heilung all jener Verletzungen und Wunden, die wir im Laufe des Lebens bekommen haben, sei es durch die Menschen oder durch das Leben selbst, ausgehend von der Empfängnis, wo wir vielleicht abgelehnt worden waren, über verschiedene erlebte Schocks, da Menschen gegen uns waren, bis hin zu allem möglichen Unrecht oder zu Ungerechtigkeiten, die man uns zugefügt hat.

Solche Wunden sind Verletzungen, die durch Beleidigungen entstehen. Jeder von uns wird beleidigt. Wenn du beleidigt bist, willst du mit den anderen nicht reden. Das heißt aber, du bist schon Feind und hier ist eine Wunde, die eigentlich Sünde und Hass produziert.

Und dann produziert sie weiters auch Depressionen. Du willst also nicht mehr mit diesem Menschen reden und wirst selbstmitleidig. Sodann wirst du irgendwie still. Später machst du den anderen Vorwürfe. Besonders tritt dieses Symptom in der eigenen Ehe und Familie auf. Und danach wirst du depressiv, vielleicht auch aggressiv. Zuletzt wirst du vielleicht sogar noch selbstmörderisch. Meistens geht das sehr tief. Aber das alles produzierten diese Wunden.

Oder denke daran, wenn dich jemand beleidigt hat, dann bist du gegen ihn. Du sprichst gegen ihn. Du fühlst gegen ihn. Du fühlst dich unwohl. In deinem Herzen ist Finsternis! Und alle zusammen produzierten diese Wunden!

Wenn diese Wunden aber einmal geheilt sind, dann bleibt kein Hass mehr zurück. Dann produziert man keinen Hass mehr.

Dann kann der Hass nicht mehr wirken. Denn wie die Finsternis, die Nacht nicht in das Licht hineingehen kann, so kann auch er das nicht. Er ist eine finstere Kraft. Deswegen sagte Jesus: "Ihr seid das Licht der Welt." *(vgl. Mt 5,14)*.

Im neunten Kapitel des Lukasevangeliums sagen uns die ersten elf Verse gleich viermal, dass Jesus heilt und befreit. Befreiung ist gleichzusetzen mit "Reich Gottes" oder mit "Evangelium". Reich Gottes bedeutet Gottes Kraft gegen Versuchungen, Sünde, Teufel und so weiter. Jetzt ist das Reich Gottes angebrochen, sagt Jesus. Es ist Gottes Kraft und die Rettung der Welt. Es ist die frohe Botschaft von der Befreiung des Lebens, der Menschen und der Liebe.

Deshalb heißt befreien und heilen, einen Menschen zu retten. Wenn jemand geistlich geheilt wird, dann muss er nicht mehr sündigen. Sobald er befreit wird, ist er nicht mehr gebunden an das Negative. Dann ist er wie im Himmel. Er ist gerettet. Deswegen sehe ich im Befreiungsgebet und Heilungsgebet eben diese Rettung, welche die Kirche anbieten sollte.

Die Beichte vergibt dir die Sünde, aber das Befreiungsgebet befreit dich, damit du nicht mehr zurückfällst in diese Sünde und Sucht. Die Heilung aber gibt dir dann Kraft, dass du ein neuer Mensch wirst und nicht mehr hassen musst, kein Feigling mehr zu sein brauchst oder nicht mehr unmenschlich bist. Das ist die eigentliche Kraft. Durch das Heilungsgebet bekommst du diese Tugenden. Sie sind eine Kraft gegen das Negative und gegen die Sünde.

Die Tugend gegen den Hass ist Liebe. Tugend gegen Geiz ist Geben zu können, gegen Untreue ist sie Treue, gegen Unruhe ist sie Friede. Dies alles sind Tugenden, also Gottes Kraft gegen Sünden und Krankheit. Man bekommt sie durch diese Gebete.

Deswegen haben wir in der Kirche nicht nur Sakramente, sondern auch Gebete, ebenso das Wort Gottes und so weiter.

Eigentlich gibt es so viele Möglichkeiten! Sicher hilft uns nicht nur einzelnes, sondern alles zusammen.

Aber es ist wichtig, dass du alles, wovon du befreit werden willst, in dein Heft oder auf ein Papier geschrieben hast. Es ist so ähnlich wie bei der Beichte. Denn Gott respektiert deine Freiheit. Wenn du ihm nichts sagst, bekommst du auch nichts. So sagte es auch Mutter Teresa aus ihrer Erfahrung.

Später werde ich dir für die Hausapotheke noch verschiedene geistliche Arzneien mitgeben. Damit können verschiedene Wunden im Leben wirklich heil werden. Denn nach dem Heilungsgebet muss noch eine bestimmte Zeit lang nachbehandelt werden. Wie bei einer schweren Lungenentzündung ist es hier ebenso wichtig, eine längere Zeit hindurch noch mit Medikamenten behandelt zu werden.

In der Praxis - Geh zu Gott!

Bleiben wir jetzt noch eine Minute in der Stille vor Gott. Jetzt ist es gut, nicht an das Negative zu denken. Für die Heilung ist wichtig, nicht zum Negativen, Finsteren und Heillosen zu schauen, sondern hin zur Heilung, zur Gesundheit, zur Stärke Gottes, zum Licht und zu Gott, dem Vater.

Schaue zu Gott.
Schaue den Vater an.
Bete ihn an.

Sag ihm DANKE für seinen Sohn,
für die Rettung,
für die Liebe.

Und sag ihm:
Vater, ich will jetzt gesund werden,
ich will geheilt werden.

Jetzt kenne ich eine neue Klinik,
eine neue Arznei,
ein neues Medikament!

Vater, danke!
Jesus ist der Herr!
Er ist der Herr über alles!

Jesus ist der Sieger!
Jesus, du bist mein Herr!

Danke, für mein Leben.
Danke, für meine Kindheit.
Danke.

Gott, du hast mich bei meinem Namen gerufen.
Du bist bei mir!
Danke.

Dein Blut, o Jesus, wäscht mich
von allem Bösen und Negativen.

Jesus ist der Herr!

Und dann sprich den Frieden Christi aus für jene, die vielleicht gegen dich sind und lege ihn auch auf deine Familie:

Jesus, gib deinen Frieden meiner Familie.
Gib meinem Feind deinen Frieden.
Segne ihn.

Segne alle Menschen, die dich noch nicht kennen.

Du bist der Herr!

9. Befreit durch meinen Gott

Wenn du irgendwie die Möglichkeit dazu hast, dann suche einen Priester oder erfahrenen Menschen auf, um mit ihm um Befreiung und Heilung in der folgenden Form zu beten!

Bleiben wir jetzt eine Zeit im Gebet vor Gott. Suchen wir Jesus Christus. Für uns ist das Gebet wichtig, weil es uns zu Gott hinführt und uns ihm öffnet. Deswegen schauen wir jetzt zu Jesus Christus.

Ist er jetzt bei dir? Glaubst du, dass es ihn gibt? Kannst du dich ganz öffnen und sagen: Ja, Herr, ich bin da!

Dann wirst du an den Resultaten und an den Früchten sehen, dass es ihn wirklich gibt und dass er Macht hat. Bleibe eine gute Zeit nun vor ihm. Danach sprechen wir das Befreiungsgebet.

Und jetzt bitte ich dich, deinen vorbereiteten Zettel durchzulesen. Du hast aufgeschrieben, wovon du befreit werden willst.

Das Befreiungsgebet

Sprich einfach leise vor Gott:

O Gott, ich möchte von … … … befreit werden.

Lies deinen Zettel durch! …

Wenn du ihn durchgelesen hast, dann bitte ich dich, aufzustehen! Du bist innerhalb der Kirche. Es ist die Kirche, welcher Jesus diese Kraft, diese Macht und diese Vollmacht gegeben hat, uns zu befreien. In dieser Kirche sind wir. Und in dieser Kirche ist Jesus Christus selbst. Aber durch die Menschen spricht dich Jesus Christus los von deinen Sünden. Und durch Menschen befreit er dich jetzt. Das heißt, schaue nicht auf die Menschen, nicht auf die Priester. Alle sind wir nur Menschen. Aber durch uns, wie durch ein Rohr, macht Jesus dich jetzt frei. Vor Jesus also stehen wir alle. Im Priester, in der Gemeinde und in seinem Wort kannst du den lebendigen Christus sehen.

Ich werde jetzt fragen und dann kannst du antworten: Widersagst du dem Bösen, um in der Freiheit der Kinder Gottes leben zu können?

"Ich widersage!"

Widersagst du den Verlockungen des Bösen, damit es nicht Macht über dich gewinnt?

"Ich widersage!"

Widersagst du dem Satan, dem Urheber des Bösen?

"Ich widersage!"

Widersagst du allem Unglauben und allem Zweifel, dem Aberglauben und der Wahrsagerei, dem Spiritismus und der Götzerei, der Magie, der Verlockung zur Leidenschaft, der Sucht nach Reichtum, der Feindseligkeit und der Zwietracht und jeder Form von Bosheit?

> *"Ich widersage!"*

Glaubst du an Gott, den Allmächtigen, den Vater, den Schöpfer des Himmels und der Erde?

> *"Ich glaube!"*

Glaubst du an Jesus Christus, seinen eingeborenen Sohn, unseren Herrn, der geboren ist von der Jungfrau Maria, der gelitten hat und begraben wurde, von den Toten auferstanden ist und zur Rechten des Vaters sitzt?

> *"Ich glaube!"*

Glaubst du an den Heiligen Geist, die heilige Katholische Kirche, die Gemeinschaft der Heiligen, die Vergebung der Sünden, die Auferstehung der Toten und das ewige Leben? *"Ich glaube!"*

Das ist der Glaube unserer Kirche schon durch zweitausend Jahre hindurch. In diesem Glauben kommt Jesus Christus, um uns zu befreien.

Mit dem Hauch deines Mundes, o Herr, vertreibe die bösen Geister. Befiehl ihnen zu weichen, denn dein Reich hat sich genaht.

Beten wir jetzt das Vater-Unser, das uns Jesus selbst gelehrt hat:

> *Vater unser im Himmel,*
> *geheiligt werde dein Name,*
> *dein Reich komme,*
> *dein Wille geschehe, wie im Himmel, so auch auf Erden.*
> *Unser tägliches Brot gib uns heute,*
> *und vergib uns unsere Schuld*

wie auch wir vergeben unseren Schuldigern.
Und führe uns nicht in Versuchung,
sondern erlöse uns von dem Bösen.
Denn dein ist das Reich und die Kraft
und die Herrlichkeit in Ewigkeit.
Amen.

Wir wollen beten!

Allmächtiger Gott, du bist deinem Worte treu. Durch deinen Sohn hast du den Heiligen Geist allen versprochen, die darum bitten. Diese Schwester/dieser Bruder will dich suchen und finden. Befreie sie/ihn von allen Einflüssen des Bösen. Wende Irrtum und Sünde von ihr/ihm ab, damit dein Heiliger Geist sie/ihn ergreifen kann.

Christus hat in deiner Kraft das Böse in der Welt überwunden. So lass uns nicht vergeblich bitten, sondern erfülle unser vertrauendes Beten mit deiner Macht, die kein Hindernis kennt. Darum bitten wir durch ihn, Christus unseren Herrn. Amen.

Wir wollen beten!

Herr unser Gott, du führst zum wahren Leben und du überwindest die Sünden dieser Welt. In dir hat der Glaube seine Stärke, die Hoffung ihre Stütze, die Liebe ihren Mittelpunkt.

Wir bitten dich im Namen deines Sohnes, unseres Herrn Jesus Christus und in der Kraft des Heiligen Geistes: Halte von dieser Schwester/diesem Bruder fern jeden Unglauben und jeden Zweifel, Aberglauben und Wahrsagerei, Spiritismus und Götzerei, Magie, Fluchen, die Sucht nach Reichtum, Verlockung zur Leidenschaft, Feindseligkeit und Zwietracht und jede Form von Bosheit.

Denn du hast sie/ihn berufen, um ein freier und gotterfüllter Mensch zu werden. So wecke in ihr/in ihm die Haltung des Glaubens und der Frömmigkeit, der Geduld und der Hoffnung, der Selbstbeherrschung und der Lauterkeit, der Liebe und des Friedens. Das gewähre ihr/ihm durch Christus, unseren Herrn. Amen.

Wir wollen beten!

Herr Jesus Christus, Freund und Erlöser der Menschen. In dir sollen alle das Heil finden. Dir beugen sich alle Mächte im Himmel, auf der Erde und in der Unterwelt. Wir bitten dich für diese Schwester/diesen Bruder, die/der dich als den wahren Gott und Herrn anbetet. Erleuchte und durchdringe ihr/sein Herz. Gib ihr/ihm Kraft gegen die Versuchung und Gefährdung durch das Böse. Heile ihre/seine Sünden und menschlichen Schwächen, damit sie/er deinen Heilswillen an sich erfährt, deinem Evangelium treu folgt, und der Erneuerung durch den Heiligen Geist würdig wird, in dessen Gemeinschaft du mit dem Vater lebst und herrschst in alle Ewigkeit. Amen.

Wir wollen beten!

Herr Jesus Christus, der Vater hat dich für dein Heilswirken in der Taufe am Jordan mit der Kraft des Heiligen Geistes ausgestattet. In der Synagoge hast du die Weissagungen des Propheten Jesaja erfüllt, hast den Gefangenen Freiheit und allen ein Gnadenjahr des Herrn verkündet.

Wir bitten dich jetzt für diese Schwester/diesen Bruder, die/der sich mit allen Fähigkeiten dir zuwendet: Hilf ihr/ihm, dass sie/er dein Angebot der Gnade annimmt. Befreie sie/ihn aus aller Angst. Stärke sie/ihn gegen die Versuchungen des Bösen. Lass sie/ihn in der Hoffnung auf deine Verheißungen nicht schwach werden, und bewahre sie/ihn vor dem Geist des Misstrauens. Führe sie/ihn zum Glauben an dich, dem der Vater alles unterworfen und den er über alle erhoben hat. Gib, dass sie/er sich dem Geist des Glaubens und der Gnade anvertraut, die Hoffnung seiner/ihrer Berufung bewahrt, an der Würde des priesterlichen Volkes Anteil erhält und die Freude der Gotteskindschaft erfährt.

So bitten wir dich, der du mit dem Vater und dem Geist lebst und herrschst in alle Ewigkeit. Amen.

Und nun bitten wir den Heiligen Geist, er möge uns mit seiner Anwesenheit ganz, ganz erfüllen.

Heiliger Geist, erfülle jetzt
meinen Verstand,
meine Gefühle,
erfülle meinen Willen,
meine Fantasie,
mein Gedächtnis und meine Erinnerung,
erfülle meinen Körper,
meine ganze Psyche
und meinen Geist.
Und jetzt, Jesus Christus,
bist du mein Herr!
Du bist mein Herr!
Jesus ist der Herr!
Niemand darf über mich herrschen,
nur du und dein Vater in dem Heiligen Geist.
Du bist mein Erlöser,
du bist mein Retter!
Vater!
Ich darf dich jetzt meinen Vater nennen.
Ich erwähle dich wirklich zu meinem Vater!
Alleluja!

10. | Berührt von meinem Gott

Fahren wir weiter fort mit dem Heilungsgebet. Zwei Dinge sollst du dabei beachten:

Erstens: Werde dir zuerst bewusst, dass Jesus in deinem Leben immer dabei war. Schon bei deiner Empfängnis, als du im Mutterschoß warst, war Jesus dabei! Durch dieses Bewusstsein kommt Gottes Gnade in deine Vergangenheit und in deine Kindheit. Sie macht dich frei und heilt dich.

Und zweitens: Vergib allen, die gegen dich waren oder dich abgelehnt haben!

Diese beiden Punkte sind sehr wichtig!

Heilungsgebet

Wir gehen wieder in das Gebet, das heißt in diesen Raum, wo Gott zu uns kommen kann, um uns zu heilen:

Jesus, ich danke dir, dass du jetzt hier bist.
Ich sage dir: Willkommen!
Es ist schön, dass es dich gibt.
Du weißt, ohne dich können wir nichts tun,
besonders in diesem Augenblick.
Darum ist es so schön, dass du hier bist.
Ich bete dich an.
Jesus, schau mich jetzt an, wie ich hier vor dir sitze.
Du kennst mich.

Ich möchte, Jesus, dass du mich jetzt berührst und mich heilst,
dass du mich frei machst und heil machst
für die Aufgaben in meinem Leben,
damit ich dann auch die anderen heilen und befreien kann.

Maria, Mutter Gottes, ich bitte dich,
halte jetzt Fürsprache für mich.
Segne mich und bete für mich.
Und bete mit mir.
Danke!

Jesus Christus, zuerst bitte ich dich:
Heile alle meine Verletzungen,
die ich geerbt habe von meinen Ahnen,
vielleicht bis zurück zur siebten Generation.
Ich bitte dich, Jesus,
durch dein Blut und durch deine Auferstehung
zerreiße alle negativen Einflüsse durch meine Ahnen,
alle Einflüsse, die mich behindern und binden.
Danke!

Jede Krankheit,
Sucht und Sünde zerreiße,
mein Jesus.

Danke!

Und Jesus, du weißt,
ich will meinen Ahnen von Herzen vergeben.
Führe alle meine verstorbenen Ahnen
zu dir in den Himmel hinein.

Jetzt bitte ich dich Jesus,
komme zu meiner Empfängnis,
in diesen Moment, in dem ich empfangen wurde
im Schoß meiner Mutter.
Du warst dabei.

Du hast mich gewollt!
Du hast gesagt: "Lebe! Ich will, dass du lebst!"
Du hast mich gewünscht.
Du hast dich auf mich gefreut!

Danke!

Meine Empfängnis im Mutterschoß
war ein wunderbarer, erfreulicher Augenblick.
Danke.
Du wolltest mich!

Jesus, ich will jetzt allen verzeihen,
allen die gegen mich waren
im Moment der Empfängnis.
Ich will von Herzen verzeihen.

Denn es ist wichtig:
Du wolltest mich, Jesus!
Dein Vater ist mein Vater und meine Mutter.
Du hast mich gewollt!

Danke!

Und dann, Jesus,
mache mich ganz frei von negativen Gedanken
und negativer Erinnerung.
Du warst bei mir in allen neun Monaten,
da ich im Mutterschoß war.

Du warst da, Jesus,
ob meine Mutter mich gewollt hat,
ob sie krank war,
ob sie schwer arbeiten musste,
ob sie murrte,
ob sie gegen mich murrte,
du weißt es.

Aber du warst dabei.
Du hast zu mir immer gesprochen: Lebe!
Ich bin für dich!
Ich will, dass du lebst!
Ich will dich!"

Danke!

Du hast dich gefreut auf mein Kommen.
Ich bin ein gewünschtes Kind.
Ich habe ein Recht auf das Leben!

Danke!

Jesus, von Herzen will ich allen verzeihen,
die mir in diesen neuen Monaten etwas angetan haben.
Allen verzeihe ich, Jesus!
Du bist mein Herr!
Du wolltest mich.
Lass mich, Jesus, nicht auf die Verletzungen schauen.

Du bist mein Herr!
Befreie mich, Jesus, von jedem Selbstmitleid.
Vor jeder Depression bewahre mich.

Und dann Jesus,
heile jetzt die Zeit meiner Geburt.
Du warst auch dabei.
Wenn die Geburt auch schwer war,
hast du gesprochen: Ja, ich will, dass du lebst!

Deswegen lebe ich,
weil du es wolltest.

Danke, wenn mich meine Eltern gewollt haben
und wenn mich viele Menschen gewollt haben.
Und du hast mich gewollt!

Danke.

Ich vergebe, Jesus, allen,
die mich bei der Geburt vielleicht schockiert haben,
oder die gegen mich waren und mich abgelehnt haben;
die vielleicht grob gewesen sind.
Ich vergebe von Herzen, Jesus.
Segne sie!
Wichtig ist nur: Du wolltest mich!
Es ist unwichtig, ob meine Eltern mich wollten
oder irgendjemand mich wollte.
Du hast mich gewollt!
Nur du!
Du bist wichtig!

Dann, Jesus, übergebe ich dir
mein Leben bis zum siebten Jahr,
besonders aber die ersten drei Jahre.

Du warst dabei.
Du hast mich gewollt.
Du warst immer bei mir,
als ich vielleicht Schock oder Krankheit erlebt habe.
Vielleicht war ich im Krankenhaus,
oder bei den Verwandten oder Großeltern,
statt bei den Eltern.
Aber du warst dabei!

Danke!

Du hast mich gewollt!
Du warst immer bei mir. Ich war nie allein.
Aber ich wusste das nicht, Jesus.

Aber jetzt weiß ich es!
Jetzt bist du in meiner Kindheit.

Ich war nie allein. Immer warst du bei mir.
Das ist schön, Jesus!
Darum vergebe ich allen,
die nicht genug Liebe hatten für mich,

und die streng waren zu mir.
Ich vergebe, denn ich habe dich
als meine Mutter und meinen Vater:
Dann übergebe ich dir, Jesus,
mein Leben bis zum fünfzehnten Jahr.
Das ist die Zeit, wo ich vom Kind
zu einem Jungen, zu einem Mädchen wurde.
Du warst dabei, in jedem Moment meiner Vergangenheit.
Du warst mit mir in der Schule.
Du hast mich gewollt.
Du hast dich über mich gefreut.

Du warst immer, immer bei mir.
Jetzt weiß ich es!
Meine Vergangenheit ist erfüllt mit deiner Anwesenheit.
Das ist so schön, Jesus.
Du warst bei mir!

Danke!

Und ich vergebe allen,
die mir verschiedene Verletzungen
in dieser Epoche meines Lebens zugefügt haben, Jesus.
Ich vergebe von Herzen.
Sie sind auch nur Menschen, ganz sicher.

Vielleicht konnten mich meine Eltern nicht lieben,
weil sie selbst auch nicht geliebt worden sind,
weil vielleicht auch sie gelitten haben,
unter dem Mangel an Liebe und Zärtlichkeit.
Ich verstehe sie.

Aber du hast mich geliebt, das ist jetzt wichtig.
Du wolltest mich!

Danke.

Dann übergebe ich dir, mein Jesus, mein Leben
vom fünfzehnten bis zum fünfundzwanzigsten Jahr,
da ich ins Gymnasium ging,
einen Beruf erlernte,
in die Fakultät ging,
und in die Ehe.
Ich übergebe dir die ersten Kinder,
meine Arbeit,

die Zeit, als ich ins Kloster ging
oder in ein Seminar,
da ich Priester wurde,
ich übergebe dir meine Pfarre,

meine Krankheit,
den Krieg,
Schwierigkeiten,
Enttäuschungen,
Zweifel,
jede Verzweiflung.

Immer warst du dabei, Jesus.
Schade, dass ich das nicht gewusst habe.
Du warst immer bei mir.
Du hast mich getröstet, gestärkt,
bewahrt, beschützt!

Danke!

Ich will vergeben, Jesus.
Ich vergebe allen,
die mich in dieser Zeit meines Lebens verletzt haben.

Segne sie und führe sie zu dir.

Und dann übergebe ich dir mein Leben bis zum heutigen Tag.
Du kennst jeden Moment meines Lebens,
jede Phase:

Krankheiten,
Krieg,
Arbeit,
Kinder.

Was ich alles erlebt habe,
meine Reisen...

Du weißt um meine Beziehung zu dir
oder wenn diese Beziehung gebrochen war.
Immer warst du trotz allem dabei.
Jetzt weiß ich es, Jesus.

Erfülle jetzt meine Vergangenheit ganz
mit deiner Anwesenheit.
Deine Liebe und Zärtlichkeit waren immer bei mir.
Erfülle mich jetzt.

Und ich vergebe allen von Herzen, Jesus:
meinem Ehepartner,
meinen Eltern,
meinen Kindern,
meinen Kollegen,
meinen Freunden.

Ich vergebe.
Ich will jetzt ganz frei sein, Jesus,
ganz frei von allem Negativen
und frei für das Positive, für die Liebe,
ganz, ganz frei!

Danke.

Jesus, Christus, ich übergebe dir auch
mein Leben bis zum Tod.
Du wirst immer bei mir sein.

Jetzt weiß ich das!
Auch in den Tod hinein geht niemand mit mir,
nur du, Jesus.
Ich danke dir, Jesus.
Ich übergebe mein Leben in deine Hand.

Jetzt weiß ich, Jesus, du wolltest mich.
Deswegen lebe ich.
Ich darf so sein, wie ich bin.
Ich darf jetzt leben.
Ich darf mich ganz entfalten in meinem Leben.

Und ich weiß, du liebst mich.
Du hast mich gern.

Auch die Menschen lieben mich.
So viele Menschen haben mich gerne, danke.

Auch die Blumen und die Vögel haben mich gern.
Die ganze Welt hat mich gern.
Die Tiefe jedes Menschen hat mich gern,
danke!

Und ich will auch die anderen lieben, Jesus.
Befreie mich jetzt aus dem Selbstmitleid.
Verzeihe mir mein Selbstmitleid.
Und reiße mein Selbstmitleid samt den Wurzeln aus.
Reiße es aus, Jesus.

Ich danke dir, dass du mir Freunde gibst
und Sicherheit.

Verzeihe mir mein Selbstmitleid.
Verzeihe mir meine Depressionen.
Verzeihe mir meine Aggression.
Verzeihe mir die Vorwürfe den anderen gegenüber.

Du bist der Herr!
Nur du bist der Herr.
Ich danke dir.

Ich kann, Jesus,
auf alles verzichten, denn du bist mein Herr.
Jetzt kann ich mein ganzes Leben annehmen,
denn du bist mein Herr.

Ich nehme an,
auch das, was mir schwerfällt.
Ja!
Denn du bist mein Freund, mein Gott, mein Herr.

Danke, dass du mir alles vergeben hast,
dass du mich jetzt heilst,
dass du mich befreist.

Danke!

Bleiben wir in der Stille. Du kannst noch beten. Aber es ist wichtig, nicht in die Wunden zu schauen. Denn sonst wirst du depressiv und das noch tiefer. Jetzt darfst du kein Selbstmitleid üben oder nicht weinen, weil die Eltern vielleicht streng waren oder weil sie dich vielleicht verlassen haben. Wenn du da hineinsiehst, dann wirst du noch tiefer fallen.

Jetzt musst du zu Gott schauen, zu Jesus schauen, zur Gesundheit und zur Liebe, nicht in die Vergangenheit oder in das Negative.

Zwinge dich deswegen, nicht in das Negative zu schauen. Du darfst nicht nachtrauern, sondern du weißt: Jetzt bin ich geliebt! Das wird eine wunderbare Zeit der Gesundheit!

Ich habe einen Vater,
Ich habe eine wunderbare Mutter!
Gott ist mein Vater.
Jesu Mutter ist meine Mutter.
Herrliche Eltern habe ich!
Ich bin so geliebt!
Alleluja!

Jetzt sieh nur hinauf zur Sonne, zum Licht, zu Gott. Und als Hausaufgabe lese bitte das achte Kapitel des Römerbriefes!

11. Das Geheimnis des Lebens

Das achte Kapitel des Römerbriefes hast du gelesen? Ja? - Danke!

Bleiben wir zu Beginn eine Weile in der Stille. Bleiben wir vor dem Geheimnis der Dreifaltigkeit ein wenig in Anbetung. Anbeten, das heißt: O Herr, ich verstehe es nicht mit meiner Vernunft. Aber tief in mir ahne ich, es muss etwas Wunderbares, Großartiges sein, dass du ein Gott bist und doch in drei Personen: Vater - Sohn - Heiliger Geist.

In der Anbetung kommt auf einmal dieses Geheimnis als eine Erkenntnis in dich hinein. Mit der Vernunft allein kann man das nicht verstehen und nicht erkennen. Versuche ganz tief in dir mit deiner Seele anzubeten. Einfach so, wie du dich über einen Sonnenaufgang oder einen Sonnenuntergang freust und ihn als Wunder erlebst. So unwahrscheinlich schön, herrlich und gut ist Gott vor dir.

Versuche dich in dieser Haltung, bis du spürst: Ich habe es!

Mit der Dreifaltigkeit ist es so ähnlich wie mit dem Menschen, der Leib, Seele und Geist besitzt. Das ist fast so wie in Gott. Jesus wurde Mensch, er ist in unsere materielle Welt eingegangen. Gott, der Vater, schuf die Welt, und der Heilige Geist ist das Geheimnis. Auch als Mensch bist du dreifaltig.

{Eins + eins} = eins

Dann gibt es aber noch weitere Aspekte des Menschseins. Da sind die Männer, sie sind anders als die Frauen. Da sind auch die Frauen, die wiederum anders als die Männer sind. Mann und Frau sind "der Mensch". Beide sind Menschen, gleiche Menschen und ganz Mensch. Und doch sind sie nicht ganz. Der Mensch ist Mann und Frau nur zusammen und sogar das Kind noch dazu. Wenn du Mann und Frau siehst, schaust du auch das Kind, geheimnisvoll und anwesend.

Männer können die Frauen nie ganz verstehen. Aber Frauen können auch nie ganz die Männer verstehen. Beide bleiben ein Geheimnis. Wenn man nur durch die Vernunft zum anderen, besonders zum anderen Geschlecht kommen will, kann man sie nie in der Person erfahren. Nur wenn man mit der Liebe geht, mit einer großen Neugier und mit phantasievoller Zärtlichkeit, dann erkennt man immer tiefer und tiefer: Sie ist ein ganz anderer Mensch! Die Frau ist Mensch, aber ganz anders als ich. Je mehr ich sie zu erkennen versuche, umso tiefer kann ich gelangen. Ich sehe, wie unbegrenzt die Frau ist. So ist es auch, wenn die Frau einen Mann sieht. Du meinst, deinen Mann schon zu kennen. Wenn du so denkst, dann heißt das, du hast aufgehört, ihn zu lieben. Denn lieben kannst du nur, wenn du das Geliebte als Geheimnis siehst. Das kann man nie bis zum Ende erkennen. Es ist immer tiefer, immer wieder anders und bleibt geheimnisvoll.

Wir leben meistens oberflächlich. Eine echte Ehe oder eine echte Beziehung zwischen Mann und Frau ist eine Beziehung des Geistes und der Seele, erst dann auch des Körpers. Der Körper allein ist zu wenig, zu oberflächlich, zu begrenzt.

Wonach sich eine Frau sehnt, wenn sie einen Mann sieht und wonach sich ein Mann sehnt, wenn er eine Frau sieht, das ist unbegrenzt, unwahrscheinlich und großartig. Aber das erkennen nur diejenigen, die mit einer Stille in sich hineinsehen, hellhörig sind und so immer tiefer dieses Geheimnis erfahren.

Du kannst nie aufhören, Frau zu sein. Du kannst nie aufhören, Mann zu sein. Ebenso kann Gott nie aufhören, Vater, Sohn und Geist zu sein. Und die Menschheit wird sich nur dann entfalten, wenn Mann und Frau sich tief und tiefer kennen, lieben und erfahren. Der Kampf zwischen Mann und Frau ist Zerstörung der Menschheit und des Menschseins. Wenn die Frau zum Mann werden will, dann kann sie nicht mehr glücklich werden. Wenn umgekehrt der Mann zur Frau werden will, geht es ihm ebenso. Wenn eine Frau in allen Fasern Frau sein kann, dann ist sie glücklich. Und wenn ein Mann in jeder Hinsicht wirklich Mann sein darf, kann auch er glücklich sein. Zwischen beiden aber ist ein sehr großer Unterschied. Der Mann sieht die Frau immer diskursiv, durch die Logik, von außen. Die Frau wiederum sieht intuitiv, sie sieht sofort. Der Mann sieht objektiv, die Frau sieht die Dinge subjektiv. Sie sieht den Abglanz und zeigt Reaktion auf jedes, das sie erkennt. Der Mann ist vielleicht eher Vernunft und Logik, die Frau ist eher Herz und Zärtlichkeit. Deswegen hat der Mann mit den toten Dingen zu tun, die Frau mit den lebendigen, mit den Personen. Ganz verschieden sind sie und doch ganz gleich. Beide zusammen sind der ganze Mensch. Und alles, was die Frau hat und wie sie reagiert, ist gut. Auch alles, was der Mann tut und denkt und wie er reagiert, ist gleichsam gut. Vom männlichen Standpunkt aus nun nicht die Frau zu kritisieren und vom weiblichen Standpunkt ebenso nicht den Mann, das heißt erkennen. Mit der Neugier dem anderen gegenüber zu leben, zuzuhören, das ist lieben, das ist Zärtlichkeit. Das ist eine Ehe, die man mit tiefem Atmen erlebt, Tag für Tag, bis zum Ende. Da verliebt man sich mit neunzig Jahren noch neu.

Denn das Geschlecht ist ein Zeichen dieses Geheimnisses, dieser Liebe und dieser Beziehung. Allein ist es zu wenig und zu oberflächlich. Wenn aber die Seele, das Innere dazukommt, dann ist es herrlich! Du solltest deswegen deinen Mann und deine Frau immer wieder bestaunen und meditieren, Tag für Tag! Dann wirst du sehen, wie Gott auf einmal aus diesem Geheimnis herauskommt und auf dich zugeht. Mit dem Geist erkennt man dann wirklich die Person. Wenn du Mann und Frau so anzusehen beginnst, dann erkennst du langsam, wie das mit Gott eigentlich ist.

Der Mann ist glücklich, wenn er sich selbst ganz der Frau geben kann. Er möchte ganz eintauchen in die Frau, ganz in sie eingepflanzt werden. Die Frau wiederum ist wie der Boden. Diese Zärtlichkeit, diese Liebe ist wie Wasser. Und der Mann sehnt sich nach dieser Zärtlichkeit. Wenn nun das Geschlechtliche, das Sexuelle zuerst kommt, dann betrügt es ihn. Da kommt er nicht weiter, dann bleibt er beim Materiellen. Aber er sehnt sich noch tiefer. Und die Frau möchte einfach den Mann umgeben von allen Seiten, ihm das Leben geben. Denn die Frau ist das Leben, der Quell des Lebens. Sie ist eben an der Quelle der Zärtlichkeit, der Liebe und des Menschseins.

Der Mann neigt immer nach außen. Er geht in die Welt, aber in die tote Welt und er sehnt sich zurück zum Feuer, zur Liebe, zur Frau. Und es schmerzt am tiefsten, wenn der Mann nicht zur Frau kommen kann und die Frau nicht zum Mann.

Burg oder Ruine

Die Sünde hat genau hier zwischen Mann und Frau die größte Ruine geschaffen. Das Schönste und das Größte im Leben sind Mann und Frau und das Kind als Geheimnis zwischen ihnen. Der ganzen Schöpfung liegt dieses Geheimnis zugrunde. Überall finden wir diese Polarität. Gott hat seine Fußstapfen überall in der Natur gelassen, damit wir ihn erkennen können.

Mensch, werde der du bist! Das heißt nur, wir kennen uns noch viel zu wenig. Aber wir sehnen uns danach, denn der Himmel des Mannes ist durch die Frau, der Himmel der Frau durch den Mann und der Himmel des Kindes ist durch die Eltern. Mann und Frau begegnen und erkennen einander jedoch nicht nur in der Ehe. Die Ehe ist nur eine Beziehung. Viele Menschen sind in der Ehe und begegnen sich kaum oder nur oberflächlich. Sie haben miteinander zu tun. Sie müssen eine Wohnung schaffen, sie müssen Kinder gebären, Kinder erziehen und so weiter. Aber sie begegnen einander zu wenig.

Deswegen kann man auch in der Jungfräulichkeit, wenn man also ledig ist, den anderen noch tiefer erkennen. Das bedeutet, dem Sexuellen zu entsagen, um tiefer in die Frau, in den Mann einzugehen und sie oder ihn zu erkennen, so dass man nicht an der Oberfläche und vor der Tür bleibt. Dieses kann sicherlich auch ein Martyrium sein, das kann Opfer bedeuten und kann schmerzen. Aber durch diesen Schmerz kann man tief in die Seele der Frau oder des Mannes eindringen. Dann erkennt man eine noch größere Liebe und eine viel größere Lust des Geistes und der Seele. Und dann erfährt man eine wunderbare Sicherheit. Jungfräulichkeit ist eigentlich ein Schlüssel, um den Menschen noch tiefer zu erkennen.

Weil wir jedoch in der Welt der Sünde leben, werden wir immer betrogen. Wir meinen, was außen ist, das sei schon alles. Wenn die Seele nicht dabei ist und wenn der Geist nicht dabei ist, dann ist es eben zu wenig. Eine Welt ohne Geist verliert eigentlich die Freude des Geschlechtlichen, des Erotischen, und des Menschlichen überhaupt. Pornographie ist eine Zerstörung eben dieser Beziehung. Sie ist Betrug!

Denke nur daran, wenn Mann und Frau sich begegnen, dann spürst du, dass der Leib wie ein Hindernis ist. Du möchtest ganz in den anderen eingehen. Wenn aber nur der Leib, das Geschlecht etwas erlebt, dann spürst du, dass es eigentlich Betrug und zu wenig ist. Du wolltest ja tiefer.

Das kann man alles durch das Gebet erkennen und durch die Vergebung. Wichtig ist Vergeben, Vergeben und Vergeben. Die Sünde versucht uns immer auseinanderzuziehen und zu trennen. Und am liebsten versucht sie Mann und Frau zu trennen. Warum? Wenn Mann und Frau getrennt sind, dann ist Gott im Menschen nicht mehr erkennbar. Wenn zwischen ihnen "Kampf und Krieg" ist, wenn sie sich nicht mehr lieben, dann ist zwischen ihnen Gott nicht mehr erkennbar. Wo Mann und Frau sich von ganzem Herzen lieben, da ist Gott anwesend. Hier auf der Erde aber ist das nicht ohne Opfer und nicht ohne Schmerzen möglich. Die Sünde aber kann man durch Verzicht meiden. Wenn du auch beteuerst, dass du deinen Mann oder deine Frau lieben wirst bis zum Ende, kann dich doch eine Kleinigkeit beleidigen und von ihm oder ihr trennen. Die Ehe wird durch Kleinigkeiten zerstört.

Wenn du aber immer wieder vergibst, kommst du dem anderen immer näher und erkennst ihn tiefer. Du musst es Gott erlauben, dann kommst du in dieses Geheimnis hinein. Gott nur kann dich in deine Frau und in deinen Mann hineinführen. Der Mensch von sich aus kann das nicht. Er ist dazu nicht fähig. Er braucht die Erlösung Gottes.

Bei vielen Heiligen begegnen wir darum dieser wunderbaren Beziehung zwischen Mann und Frau: Franz von Sales und Franziska von Chantal oder Franz von Assisi und Klara sind einige davon. Ich möchte fast sagen, es gibt keinen großen Heiligen, der nicht eine solche Beziehung gehabt hätte, aber eine echte, keusche und schmerzhafte Beziehung. Sie und alle mussten auf viel verzichten, um die Frau oder den Mann ganz für sich zu haben und ganz tief und göttlich lieben zu können. Wenn wir aber nur Lust suchen, gehen wir nie in den anderen hinein, sondern aneinander vorbei. Lust bleibt oberflächlich.

Freude, Geheimnis und Wunder sind drinnen, tief in der Seele und im Geist. Plötzlich ist dann Äußerlichkeit unwichtig. Dann geschieht Begegnung sofort. Und dann wird deine Frau Tag für Tag jünger. Mit neunzig Jahren ist dein Mann schöner als mit zwanzig. Der Leib ist hinfällig, der Geist wächst mehr und mehr im Erkennen und er wird immer weiser, vernünftiger und tiefer. Doch der Leib ist wichtig wie der Geist!

Das ist eigentlich das Geheimnis der Dreifaltigkeit. Wir können natürlich den Menschen von unten her und wissenschaftlich erkennen wollen. Aber weit haben wir es damit nicht gebracht. Man kann aber einen Menschen auch von oben her, von Gott her, von seinem Wort her erkennen. Damit kommt man unglaublich tiefer.

Lies nun die ersten drei Kapitel des Buches Genesis im Alten Testament. Sie sind herrlich über Mann und Frau geschrieben, unwahrscheinlich tief. Die ersten beiden Kapitel beschreiben, wie Mann und Frau eigentlich sind. Hier erkennt man die tiefste Psychologie des Mannes und der Frau. Im dritten Kapitel jedoch erfährt man die Zerstörung dieses Geheimnisses und dieser Beziehung durch die Sünde. Und darum ist es ein Kampf bis zum heutigen Tag, am meisten jedoch zwischen Mann und Frau, zwischen Eltern und Kindern. Denn der Teufel ist derjenige, der uns trennt, Gott aber ist der, welcher uns zusammenführt.

Die Sünde trennt uns. Sie beleidigt dich und dann willst du nicht mehr mit deinem Ehepartner, mit deinem Freund oder mit den Menschen reden. So gehen wir auseinander. Das ist Babylon: Sünde und Negatives.

Vergebung bringt uns näher und bringt uns zusammen. Da werden wir wieder stark. Wenn du allein bist, kann die negative Welt dich ganz zerstören. Dann bist du isoliert. Ein Stab allein ist so schwach. Aber niemand kann zehn Stäbe zusammen brechen. Wenn Menschen sich zusammenfinden, dann sind sie stark gegen alles Negative. Ohne Vergebung gibt es jedoch keine Möglichkeit zur Einheit. Wenn ich dir vergebe, kommen wir zusammen. Es ist unmöglich, nicht beleidigt zu werden. Es ist aber möglich, zu vergeben.

Wie viele Menschen treten aus der Kirche aus, weil sie beleidigt worden sind. Das kann man schon verstehen. Aber es ist unmöglich, dass die Kirche dich nie beleidigt. Jesus selbst sagt: "Selig sind, die an mir keinen Anstoß nehmen!" (vgl. Lk 7,23) Dies gilt auch für seine Kirche. Du kannst auch Anstoß an deinem Mann nehmen, weil du plötzlich siehst, wie er wirklich ist, und dass er dich Tag für Tag beleidigt. Dann meinst du, er liebt dich nicht mehr und du sagst: Wir können nicht miteinander reden. Du hast keine Zeit. Ich habe es mir ganz anders vorgestellt!

Liebe Frau, auch ich habe es mir anders vorgestellt!, so sagt er dann vielleicht auch. Und dann ist alles kaputt. Es gibt Anstoß genug. Dann geht man zum Richter und zur Scheidung, anstatt zu sagen: Jetzt bin ich in die Krise gekommen. Ich werde nachsehen, warum das so ist. Wo habe ich dich getroffen? Warum schaffen wir es zusammen nicht? Jetzt versuche ich dir zu vergeben.

Wenn du so reagierst, geht es tief unter die Haut.

Vertrauen: Ja, aber...

Nehmen wir nun unser Notizheft zur Hand, und schreiben wir folgenden Satz auf:

> *"Jesus, ich möchte dir ganz vertrauen.*
> *Aber..."*

Nimm dir fünf Minuten Zeit, um aus der eigenen Seele herauszulesen, was dich eigentlich noch daran hindert, dass du Jesus nicht oder nur schwer glauben kannst.

> *Ist es etwas Äußerliches?*
> *Kannst du nicht glauben, dass er Gott ist,*
> *dass er Mensch ist,*
> *dass er wirklich in der Welt ist,*
> *dass er wirklich der Herr der Welt ist?*
>
> *Kannst du nicht glauben, dass man ihm begegnen kann?*
> *Oder glaubst du nicht, dass er dich liebt,*
> *dass er dir vergibt?*
>
> *Woran liegt es, dass du ihm nicht vertrauen kannst?*
> *Wo sind Hindernisse, Blockaden in dir?*

Versuche herauszulesen, dann werden wir sie wegräumen.

Die Verkrampfungen lösen

Es ist ein großer Unterschied zwischen Wissen und Glauben. Da sind nämlich zwei Gesetze: Das Naturgesetz ist Gesetz des Wissens, das Gesetz des Lebens aber ist der Glaube. Mit unserer Vernunft betreiben wir Wissenschaft. Die Vernunft weiß, der Geist aber glaubt. Ich weiß, dass ich als Mensch stark bin, und dass ich in der Wissenschaft immer stärker werden und neue Entdeckungen machen kann. In den Glauben komme ich nur hinein, wenn ich schwach bin. Wenn ich nämlich nur stark sein will, wehre ich mich gegen das Vertauen zu Gott.

Wenn ein Kind kein Vertrauen zu den Eltern hat, dann will es schon möglichst früh Geld verdienen, damit es selbstständig werden kann. Es trennt sich von den Eltern. Wenn du nun immer versuchst, gut zu sein, ohne Sünde zu sein oder nur keusch zu sein, um zu Gott zu kommen, dann wirst du Gott nicht erreichen. Das bedeutet, dass es keine menschlichen Wege und Stege zu Gott gibt. Aber es gibt etwas anderes: Er kommt zu uns!

Dazu ein Beispiel: Wenn ein Kind um jeden Preis versucht, auf die Mutter oder den Vater zu klettern, dann wird es kaum Erfolg haben. Wenn das Kind aber sagt: Bitte, Mutti, nimm mich!, dann neigt sich die Mutter ihm zu und nimmt es zu sich hoch.

Wenn du glauben willst, dann wirst du sehen, dass du einfach jeden Versuch beiseite räumen musst, stark oder gut zu sein. Dann brauchst du nur zu sagen: Gott, ich brauche dich! Das ist so einfach. Und dann warte, bis du spürst: Er ist da!

Der Glaube ist ein Vertrauen, der Glaube ist keine Vernunftsicherheit. Die Naturgesetze bestehen darin: Du musst stark sein, um in der Welt zu leben. Im Lebensgesetz heißt es aber: Du darfst schwach sein, um in der Welt leben zu können! Indem du schwach bist, kommt Gott zu dir und gibt dir all seine Reichtümer. Wenn du schon voll bist mit Reichtümern und mit deiner Stärke, dann brauchst du keinen Gott.

Wenn du schon so gut bist, die Heilige Schrift und die ganze Theologie kennst, wenn du jeden Tag betest und fastest, dann brauchst du Gott nur wenig. Dann protestierst du gegen Gott: Warum bist du mit mir nur so streng, Gott? Warum willst du mich nicht? Was willst du denn noch, dass ich es tue?

Gott sagt aber: Genau das will ich nicht! Weil du eben das alles tust, willst du selbst Gott sein. Du willst etwas für mich tun. Ich möchte aber etwas für dich tun. So müssen wir es sehen!

Gott hat uns Vernunft und Hände gegeben, damit wir alles für uns machen können. Und wir brauchen beide Hände, um in der Welt überleben zu können. Wir müssen selbst verdienen, essen und trinken. Das gibt Gott uns nicht. Wenn es aber um die Loslösung von der Sünde und vom Bösen geht oder um das Gelingen der menschlichen Beziehungen, wenn du Liebe haben möchtest, wenn du irgendwie Gott erleben willst, dann ist es anders. Das alles kann dir nur Gott geben. Das kannst du nur annehmen.

Vertrauen und Glauben heißt, nicht für Gott etwas zu tun, sondern loszulassen und ihm zu erlauben, etwas für dich tun zu dürfen. Hier ist es also genau umgekehrt! Deswegen ist das Evangelium paradox. Jesus spricht: Wenn du nicht auf alles verzichtest, kannst du nicht mein Jünger sein (vgl. Mt 10,29 und Mt 16,24-26). Das heißt, er kann dir dann nichts geben. Demnach bedeutet Jünger zu sein nicht, alles weggeben zu müssen, sondern ganz zu erkennen: Ohne dich, Gott, bin ich nichts. Ich brauche dich!

Wir können Gott nicht zwingen. Es gibt keine gute Tat, mit der wir ihm vorschreiben könnten, zu uns zu kommen. Du brauchst nur zu sagen: Kommst du jetzt? - Und dann kommt er. So einfach ist es. Im Glauben alles aufzugeben heißt, Gott zu bekommen.

Leider erfahren wir in unserem Leben so viel verkehrt herum, weil wir alles mit der Vernunft machen. Und dann übertragen wir die Vernunft auch auf den Geist und den geistlichen Bereich. Es ist dasselbe, als ob wir um jeden Preis mit unseren Augen Stimmen hören wollten. Das funktioniert eben nicht. Wenn du etwas sehen willst, dann musst du mit den Augen schauen. Wenn du aber zuhören willst, brauchst du deine Ohren. Dazu sollst du ganz still werden. Mit der Vernunft aber sollst du nach vorne gehen. Wenn du mit dem Geist aber Gott und die Liebe erleben willst, dann ist es notwendig, behutsam zu werden und zu sagen: Ja, ich bin da!

Das Kreuz bleibt nur, solange du es nicht annimmst

Jesus sagt: Du solltest jeden Tag dein Kreuz auf dich nehmen! Das ist nicht etwas Trauriges. Du brauchst eigentlich nur zu sagen: Es ist mir so schwer, Gott. Bitte komm! Und dann kommt er, um dir zu helfen, um dein Kreuz zu zerstören und es auf sich zu nehmen.

Er sagt nicht nur: Kehre um!, sondern er sagt vorher noch: Das Reich Gottes steht vor der Tür. Es wartet auf dich! Kehre um, heißt es. Sieh doch, das Reich Gottes ist da in ihm: Du bist stark wie Gott selbst, denn Gott ist immer da. Wenn du versuchst, immer alles selber zu tun, gehst du an Gott vorbei.

Das Gesetz des Glaubens heißt nämlich: Vergeben, verzichten, das Kreuz anzunehmen. Und das klingt für einen Menschen, der einseitig lebt und die Dinge nur mit der Vernunft sieht, tragisch, traurig und negativ. Und darum geht er weg. Deswegen sagt er: Das muss schrecklich sein! Sieh doch, das Christentum ist nur ein Kreuz!

Aber das Kreuz war nur einen Tag lang, die Auferstehung dauert die ganze Ewigkeit. Das Kreuz bleibt bei dir nur, solange du es nicht annimmst. In dem Moment, da du dein Kreuz mit deinem Willen annimmst, ist es weg. Versuche das einmal!

Verzichten - was ich habe, in Gottes Hand legen

Jedes Kreuz ist schwer, bis du es annimmst. Und das Leben ist immer schwer, bis du auf alles verzichtest. Verzichten heißt: Das, was du hast, in Gottes Hand übergeben. Dann spürst du, dass du die ganze Welt hast. Jetzt kannst du alles genießen! Verzichten heißt, statt Sicherheit im Materiellen jetzt Sicherheit im Vertrauen zu haben. Das bedeutet, Gott meine Sicherheiten zu geben. Jetzt erst vertraue ich! Aber dann kommt er und bringt dir alles hundertfach, worauf du verzichtet hast.

Ebenso wäre es, wenn du ein Bonbon hast, Gott aber hat hundert Bonbons und sagt dir: Gib mir eines und ich gebe dir hundert! Du aber sagst: Nein, ich habe lieber hundert und ein Bonbon. Da antwortet Gott: Nein, das geht nicht! Gib mir dein Bonbon. Und indem du es mir gibst, bekommst du von mir hundert Bonbons und eins. Hast du Vertrauen?

In unserem Leben ist es genauso. Der Mann ist immer der Mensch der Vernunft und der Sicherheit. Deswegen kann sich die Frau an ihn anlehnen. Sie findet Sicherheit in ihrem Mann. Er tut alles in der Welt. Er ist stark, er ist vernünftig. Aber jetzt wird es umgekehrt! Die Kinder und alle haben Vertrauen zu der Frau, zur Mutter. Sie hat das Leben, die Mutter hat das Vertrauen und sie hat die Liebe. Die Mutter kann dich nie verlassen! Hier ist die Frau stark. Deswegen braucht der Mann im Gesetz des Lebens die Frau. Er braucht die Frau, um Vertrauen zu können. Das ist der Grund, warum so viele Frauen in der Kirche sind: Weil Gott eine Person ist und nicht ein totes Ding. Deswegen ist es den Frauen leichter, zu Gott zu kommen. Dem Mann gelingt es schwerer, zu vertrauen. Wenn er aber das Vertrauen zur Frau hat, dann kann er auch das Vertrauen zu Gott gewinnen. Das Gesetz des Lebens heißt bei der Frau: Vertrauen! Und der Frau kann man wirklich vertrauen. Das ist die Logik des Evangeliums, des Vertrauens und des Herzens. Es ist nicht die Logik der Materie und der Philosophie.

Wir aber haben Probleme, weil wir ständig in der Welt der Vernunft leben. Unsere Welt ist einseitig. Deswegen wird das, was die Frau hat, nicht genug geschätzt. Und so leiden wir, weil uns das Vertrauen fehlt. Atheist zu werden heißt, kein Vertrauen zu Gott zu haben, sondern an die Sicherheit der eigenen Politik, der eigenen Waffen, des eigenen Geldes, der eigenen Wohnung, an die Sicherheit der Medizin und so weiter zu glauben. Das geht so lange gut, bis du einmal gebrochen bist. Denn einmal kommt sicher auch dein Tod. Und darum braucht der Mann jemanden, dem er vertrauen kann: die Frau. Das ist ihre Stärke! Du kannst nie sicher sein, was die Vernunft angeht. Wenn du aber Vertrauen hast, ist die Frau so treu!

Um nun von der Frau und vom Mann annehmen zu können, dazu braucht man Demut. Nur so können wir der ganze Mensch sein. Anders verlieren wir uns. Das alles ist jetzt natürlich im Glauben und nicht in der Wissenschaft gesagt. Im Glauben ist es oft umgekehrt. Wenn du gekommen bist, um mit der Vernunft an Gott zu glauben und Jesus zu vertrauen, dann wirst du keinen Erfolg haben. Mit den Augen kannst du nicht die Stimme hören. Mit der Vernunft kannst du Jesus nicht vertrauen. Das Vertrauen auf die Liebe hat ihre eigenen Gesetze und eigenen Gründe, welche die Vernunft nicht verstehen kann. Wenn du verliebt bist, dann brauchst du keine Gründe mehr!

In einer Anekdote sagten einmal die Augen: Ja, es ist so herrlich da oben auf den Bergen. Da ist Nebel und daneben die wunderbare Sonne. Darauf sagte das Ohr: Wo ist der Nebel? Wo sind die Berge? Mit diesen Augen ist etwas nicht in Ordnung! Da sagte auch die Nase: Ich rieche keinen Nebel! Ich rieche keine Sonne! Und das Ohr stimmte ein: Ich höre keine Sonne und keinen Nebel! Am Ende sagten sie beide: Mit diesen Augen stimmt wirklich etwas nicht. Sie sind ganz sicher von Sinnen, sie sind krank!

Genauso kann jeder zu mir sagen: Wie kannst du an Gott glauben, Mensch? Du siehst ihn doch nicht!

Da sage ich: Ich glaube nicht mit der Vernunft, obwohl ich auch genug Gründe hätte. Ich glaube mit dem Geist und mit dem Herzen.

Schaue nur ein Kind an: Es braucht nicht zuerst Gründe, um der Mutter zu glauben. Die Liebe selbst ist der Grund. Das spürt man nur von innen. Das ist Vertrauen! Wenn du immer überlegst, über die heilige Schrift und das Wort Gottes nachsinnst und meinst, dass Vertrauen gut ist, weil ja auch Gott das möchte, bist du noch immer auf der Ebene der Vernunft. Indem du aber zu Jesus kommst, ihn ansiehst, wie er Petrus liebt, wie er den rechten Schächer liebt, verliebst du dich auf einmal in ihn. Dann vertraust du ihm und nimmst ihn mit nach Hause. So einfach ist das! Wenn du immer einfacher wirst und alles weggibst, lässt du deinen Geist wirken und entfalten. Dann erkennst du den Glauben.

Ist das schwierig? Für uns alle ist es oft schwer, weil es zu einfach ist. Jesus sagte eben: Wenn ihr nicht wie die Kinder werdet... *(vgl. Mk 10,13-16)*. Das ist unser Problem! Wir wollen alles selbst lösen!

Darum sagt dir Jesus: Ja, wozu soll ich dir helfen, wenn du alles selbst kannst. Du brauchst mich nicht! Solltest du mich jedoch einmal brauchen, mache nur dein Fenster auf. Ich werde kommen!

Deswegen also lässt uns Gott leiden, manchmal sogar sehr tief. Dann sind wir erschöpft und liegen ganz auf dem Boden. Er möchte, dass wir das endlich einsehen. Wir aber meinen, Gott will uns quälen. Wer dies nicht beachtet, kennt das Gesetz des Lebens nicht.

Denken wir nur an Ijob *(vgl. AT/Buch Ijob)*. Er war ganz auf dem Boden. Aber er hat gelernt. Und von da an bekam er alles hundertfach zurück.

12. | Wiedergeboren aus dem Geist

Das Ziel dieses Seminars ist eigentlich, eine Erfahrung des Geistes und des Glaubens zu machen. Wie wir Erfahrungen der Liebe haben, so können wir auch Erfahrung mit Gott machen und ihm begegnen. Was aber heißt das, ihm zu begegnen?

Wenn Jesus davon spricht, dann nennt er es eine zweite Geburt. Im Johannesevangelium lesen wir, wie er zu Nikodemus sagt: Wenn jemand nicht von neuem geboren wird, kann er das Reich Gottes nicht sehen." *(vgl. Joh 3,3)* Und weiter: "Wenn jemand nicht aus Wasser und Geist geboren wird, kann er nicht in das Reich Gottes kommen." *(vgl. Joh 3,5)* Darum kann er das Reich Gottes nicht sehen und nicht in es eingehen.

Wir sagten bereits, dass dieses Reich die Kraft Gottes gegen das Böse und das Unmenschliche ist. Es ist eigentlich Jesus Christus und sein Geist selbst. Darum darf man nicht das Reich Gottes gleichsetzen mit "Himmel". Jesus spricht von diesem Reich im Zusammenhang mit der Austreibung der Dämonen. Er sagt: "Wenn ich aber die Dämonen durch den Finger Gottes austreibe, dann ist doch das Reich Gottes schon zu euch gekommen." (vgl. Lk 11,20) Seine Kraft gegen Satan und gegen das Unmenschliche ist darum ein Zeichen, dass sein Reich da ist. Jesus spricht von einer Kraft, die in den Christen sichtbar ist und in die man eingehen kann.

An anderen Stellen spricht er von drei verschiedenen Phasen des Reiches Gottes: Zuerst davon, dass es unter uns unsichtbar, also nicht zu sehen ist. Bei Markus wiederum spricht er vom Reich Gottes, das in Kraft und sichtbar kommt (vgl. Mk 9,1). Er sagt gleichzeitig, dass viele von den Anwesenden nicht sterben werden, bis sie das Reich Gottes in seiner Kraft kommen gesehen haben. Dies ist die zweite Phase. Und die dritte Phase wird am Ende der Welt sein, wo er in Kraft und Herrlichkeit kommen wird.

Die Gabe der zweiten Geburt

Jesus sagt nun, dass wir aus dem Wasser und aus Geist geboren werden sollen. Er spricht von einer "zweiten" Geburt. Damit meint er nicht eine materielle, sondern eine geistliche Geburt.

Viele meinen nun, die erste Geburt sei unsere Geburt aus dem Schoß der Mutter und die zweite Geburt sei die Taufe. Das ist nicht richtig! Denn Jesus erklärt dem Nikodemus, dass es hier um eine geistliche Geburt geht. Wenn jemand getauft ist, dann ist das die erste Geburt, die man nicht sieht. Und der Mensch hat mit ihr keine besondere Kraft. So viele Kinder sind getauft, aber sie können deswegen keinen Menschen bekehren und keine Wunder tun. Und auch bei vielen erwachsenen Christen bleibt die Taufe und die Kraft vom Reich Gottes unsichtbar. Deswegen erscheint die Welt so stark gegen die Christen, weil sie diese Kraft nicht haben. Durch diese Taufe sind wir Kinder Gottes geworden und schon gerettet. Zuerst also müssen wir in Wasser und Geist geboren werden. Deshalb brauchen wir noch eine zweite Geburt, durch die wir aus diesem Wasser und aus diesem Geist heraus geboren werden. Wie aber ist das zu verstehen?

Gott gibt im Materiellen immer Gleichnisse für das Geistliche. Ein Gleichnis ist immer wie ein Vorhang, der wegzuräumen ist, damit das Göttliche sichtbar wird. Es ist wie ein Fenster, durch das man sehen kann.

Ebensolche Gleichnisse haben wir in unserem Leben: Der Mensch wird schon bei der Empfängnis geboren. Wir aber sprechen von Geburt dann, wenn das Kind aus dem Mutterschoß herauskommt. Das ist nicht richtig. Das Kind lebt doch schon vom Moment der Empfängnis an. Die Chinesen zählen beispielsweise die Jahre seit der Empfängnis, nicht seit der Geburt. Ein Kind lebt bereits neun

Monate im Mutterschoß. Es lebt als ganzer Mensch. Aber es ist unsichtbar. Die Mutter, der Vater, die Verwandten wissen, dass es unter ihnen ist. Aber sie wissen nicht, wie es aussieht. Aber der Mensch ist da! Und eine Mutter weiß, dass das Kind nicht ihr gehört. Denn wenn sie das Kind sehen will, dann muss es heraus aus dem Schoß. Wenn es in der Kraft wachsen soll, dann muss es aus dem Mutterschoß geboren werden.

Ebenso ist es im Geistlichen. Zuerst wurden wir getauft, das ist die Empfängnis. Wir sind schon da. Aber, wir sind nur im Schoß der Kirche. Nicht wenige Menschen machen uns Christen deswegen den Vorwurf, dass wir nicht erwachsen wären. Und sie haben leider recht. Denn wir Christen wollen nicht geboren werden, sondern neunzig Jahre im Mutterschoß bleiben. Ein solches Kind kann nicht wachsen. Wir müssen geboren werden aus dieser Taufe heraus. Das ist dann der eigentliche Moment der Geburt. Bei den Heiligen in der Kirchengeschichte kann man das beobachten. Denken wir an Franz von Assisi. Es ist der Moment, in dem ihm die Augen aufgingen. Die Vorhänge waren weg und er konnte sehen. Auf einmal sah er die Kirche, sah er das Reich Gottes. Und von da an wuchs er und konnte auch Wunder tun.

Wenn ich dazu in meinem Leben zurückblicke, dann kann ich sagen, dass ich bereits Priester war und Doktor der Theologie, sowie Professor an der Fakultät, dass ich wunderbare Predigten gehalten und mich immer gut vorbereitet hatte und dass ich mit den Studenten Wallfahrten, Ausflüge und Diskussionen organisiert hatte. Aber die Studenten, die zu mir kamen, änderten sich nicht. Sie fluchten, trieben Unzucht und hassten nachher genauso wie vorher. Deshalb fragte ich mich, wozu ich eigentlich Priester geworden war und wozu ich meine Familie verlassen hatte, wenn ich diese Menschen gar nicht ändern konnte. Kommt also das Reich Gottes wirklich erst nach dem Tod? Bei den Heiligen sah ich es doch ganz anders. In der frühen Kirche waren doch alle heilig und man konnte dieses Reich Gottes sehen.

Ich wurde deswegen traurig. Alle waren Kinder Gottes, aber niemand wuchs im Glauben und in dieser Kraft. Ich fragte mich, wo diese Kraft in der Kirche war. Warum konnte ich nicht helfen, wenn die Menschen zu mir kamen mit ihren Problemen in der Ehe, in der Familie oder mit sich selbst?

Und dann studierte ich zusammen mit den Studenten die Heilige Schrift und das Leben der Heiligen. Und dann sah ich, dass uns noch etwas fehlte: Die Umkehr von dem, was wir bereits ausführlich besprochen haben. Und ich begann zu beten, dass ich geboren werde. Umkehren heißt, ich will geboren werden aus meiner Taufe heraus. Und das Gebet hilft mir dabei. Denn das Gebet ist eigentlich die Verbindung mit Gott. Durch das Gebet kommt die Gnade Gottes, das ist der Heilige Geist. Er ist das Geschenk Gottes.

Also begann ich zu beten. Und ich betete nicht allein. Zwanzig Minuten betete ich jeden Tag. Und dann kam es so wunderbar. Es war am 3. August 1975, ich erinnere mich genau. Es war nachts um null Uhr zwanzig, als ich gerade betete. Da hatte ich ein herrliches Erlebnis, wie ich es bei Pascal und bei vielen Heiligen, wie Franz von Assisi, gelesen hatte. Es gleicht sich bei allen. Auf einmal war es, als ob die Mauern zwischen mir und Gott gefallen waren. Plötzlich war für mich der Himmel hier auf der Erde und Gott so nahe. Aus mir kam ein Jauchzen, Loben und Preisen, eine Dankbarkeit, eine große Freude, aber auch eine große Kraft. Von diesem Tag an wurden die Studenten um mich herum verändert. Sie kamen zu mir und eine Kraft kam aus mir heraus zu ihnen. Sie wurden verändert. Auf einmal entstand eine wirkliche Gemeinschaft.

Und dann erzählte ich all das meinem Bischof und der meinte, dass hier sicherlich Gottes Kraft am Werk war. Nach vier Jahren begann er dann Seminare zu organisieren, wie ich sie jetzt halte.

Seither sind tausende Menschen bekehrt, ja neu geboren worden in der Katholischen Kirche und dies in verschiedensten Ländern. Und ich bin dafür unendlich dankbar! Denn ich habe eingesehen, dass wir in der Kirche auf diese zweite Geburt vergessen haben, von der Jesus spricht.

Darum musst du zu Gott hin umkehren und zu beten beginnen. Dann geschieht diese zweite Geburt. Dann beginnst du innerlich langsam zu wachsen. Ein Kind kann nur wachsen, wenn es geboren wird. Das ist diese zweite Phase des Reiches Gottes. Die dritte Phase ist erst in der ewigen Welt, im Himmel.

Vielleicht möchtest du in deiner Familie jemandem helfen, aber du bist ohnmächtig. Gerade hier machte ich eine wunderbare Entdeckung: Ich sagte meiner Familie zu Hause nicht, dass ich solche Erfahrungen gemacht hatte. Ich kam nur zu Besuch und blieb einen Monat bei ihnen. In dieser Zeit betete ich einfach. Aber bald erlebten auch sie Ähnliches wie ich. Und sie machten mir fast Vorwürfe, warum ich ihnen das nicht früher gesagt hatte. Aber eine Mutter braucht sich nicht um den Zeitpunkt sorgen, wann das Kind zur Welt kommen wird. Sie kann lachen und singen, denn das Kind wird zur rechten Zeit geboren werden.

Von da an war ich als Priester glücklich. Denn seither weiß ich, dass die Menschen Kraft gegen das Böse haben, nachdem sie neu geboren wurden. Wenn du geboren bist, kannst du jeden Menschen retten. Wenn du ihn liebst und ihm vergibst, kannst du ihn bekehren. Manchmal dauert es drei Wochen, manchmal ein Jahr oder länger. Du brauchst ihn nur zu lieben, wie eine Mutter ihr Kind liebt. Dann kannst du jeden Menschen gebären. Vorher aber musst du diese Geburt erlebt haben.

Es war für mich eine wunderbare Entdeckung, zu sehen, dass die Kirche nicht nur das ist, was wir sehen können. Das Äußere ist nur der Leib der Kirche. Es gibt aber auch die Seele der Kirche, das ist Jesus Christus und sein Heiliger Geist. Seither liebe ich diese Kirche und bin glücklich in dieser Kirche. Sie ist die Braut Christi und sie ist Mutter, eine Mutter mit Schmerzen. Denn sie hat Schmerzen, bis du geboren wirst.

Ein Künstler hat es einmal so ausgedrückt, nachdem er diese Geburt erlebt hatte: Auch der Papst kann mir sagen, dass er nicht an Gott glaube. Ich aber werde nie mehr den Glauben verlieren. So tief überzeugt war er. Aber er war vorher Atheist. Jetzt kann er nicht mehr ohne Gott sein.

Wenn du noch keine solche Erfahrung hast, möchte ich dir jetzt vorschlagen, folgenden Schritt zu machen: Bleiben wir dazu einige Minuten in der Stille. Überlege, ob du Jesus jetzt die Tür öffnen willst.

Wenn du noch nicht bereit bist, Gott einzulassen und deine Geburt anzunehmen, dann sage: Nein, bitte noch nicht! Ich warte noch. Ich bleibe noch im Mutterschoß der Kirche. Aber ich will es bald tun.

Entscheide dich, ob du wirklich neu geboren werden willst.
Danke jetzt Gott einfach dafür,
dass du eingehen darfst in sein Reich.

Bleibe nun einige Minuten in der Stille.

Vater, nur du kannst mich aus unserer Taufe heraus
in der Kirche wirklich neu zeugen und gebären.
Komm erfülle mich jetzt mit deiner Kraft,
damit ich ein sichtbarer Glaubender,
eine sichtbare Glaubende werde,
sichtbare Kirche,
sichtbarer Leib Christ,
damit Jesus in der Welt wirklich sichtbar und wirksam wird.

Ich danke dir, Vater,
für deinen Geist und für deinen Sohn.
Ich danke dir, dass du in dieser Zeit
so viele Menschen gebären wirst.
Segne mich jetzt!

Dein Friede komme auf mich herab.
Deine Hand möge über mir sein, Herr.
Jesus, jetzt ist deine Zeit.
Mache mich jetzt neu.
Ergreife mein Herz,

meinen Verstand,
meinen Willen,
meine Phantasie.
Ergreife mich ganz.
Mache durch mich eine neue Erde, eine neue Welt.
Ich bin bereit,
dein Kind zu sein,
zu wachsen in deiner Kraft.

Danke, Jesus, dass du zu mir gekommen bist
und zu mir in diesen Tagen gesprochen hast.
Danke jetzt für deine Kraft, die jetzt in mich einzieht.
Deine Tugenden und deine Kräfte
mögen mich jetzt ganz ergreifen:
Liebe, Hoffnung, Zuversicht,
Glaube, Vertrauen, Mut,
Langmut, Sanftmut, Geduld,
Treue, Friede, Freude.

Danke.

Jetzt weiß ich, dass ich dein Kind sein darf.
Ich danke für deine Kraft, für deinen Geist,
für deine Gaben, für deine Tugenden.
Danke für diese neue Vernunft,
für neue Erkenntnis,
für neue Liebe.

Jesus sagt: "Ich bin der Weinstock, ihr seid die Reben. Wer in mir bleibt und in wem ich bleibe, der bringt reiche Frucht; denn getrennt von mir könnt ihr nichts vollbringen." (vgl. Joh. 15,5) Diese Gabe der zweiten Geburt, wie wir das nennen, ist nicht dein Verdienst, sondern es geschieht durch die Gnade Gottes. Jesus braucht dich. Er ist der Weinstock, du bist auf diesem Weinstock die Rebe.

Auf dem Weinstock selbst gibt es keine Trauben. Sie sind nur auf der Rebe zu finden, jedoch nur dann, wenn es sich um eine lebendige Rebe auf dem Weinstock handelt. Wenn es eine Blockade gibt, eine Sünde etwa, dann wird diese Rebe verdorrt sein.

Darum brauchen wir diese verschiedenen Reinigungen, damit "der lebendige Saft" von Jesus Christi durch uns fließen kann. Er braucht dich, um der Welt die Trauben und den Wein des Geistes zu geben. Dazu braucht er dich dringend! Erlaube ihm nur, dich zu gebrauchen. Erlaube ihm, dir Geistesgaben und Früchte des Geistes zu geben.

Und wenn es möglich ist, gehe heute irgendwohin in die Stille: in die Natur oder vielleicht in eine Kirche zur Anbetung. Setze dich einfach hin und danke Gott für alles, was geschehen ist und geschehen wird.

13. Die Notfall-Apotheke

Ich gebe dir abschließend noch "zehn "Medikamente für alle Fälle" mit in dein Leben. Wenn du diese kleine Apotheke immer wieder mitnimmst, bist du für die Zukunft gerüstet.

Erstens: Auf alles verzichten

Verzichte jetzt auf alles, damit du in dir keine falsche Sicherheit mehr hast. Dann wirst du spüren, wie seine Anwesenheit auf einmal bei dir ist. Verzichte auf jede Sache, auf jeden Menschen, auf jede Sicherheit.

Zweitens: Das Kreuz annehmen

Nehme langsam alles an, was dich ängstigt und wovor du Angst hast. Nimm alles an als dein Kreuz:

> *Nimm deinen Tod an,*
> *deine Krankheit,*
> *die schwere Situation in deiner Familie.*
> *Alles, was dir schwerfällt, nimm es ruhig jetzt an.*
> *Sage einfach vor Jesus: Gut, ich nehme es an.*
> *Ich nehme dieses Leben an.*
> *Wenn ich jetzt auch sterbe, ich nehme es an.*
> *Wenn ich jetzt alles verliere, nehme ich es an.*
> *Wenn ich auch meinen Arbeitsplatz verliere, ich nehme es an.*
> *Wenn ich jetzt den Ehepartner verliere, ich nehme es an.*

> *Ich nehme an, auch wenn es so geschehen soll.*
> *Ja, ich kann es annehmen.*

Aber sage es langsam, damit du erlebst, wie dein Herz jetzt frei ist. Dann spürst du, wie Gott kommt und dir alles hundertfach gibt, worauf du verzichtet hast. Du wirst nicht verlieren. Durch den Glauben wirst du alles erhalten.

Aber schaue zu Jesus, bis du spürst, wie auf einmal eine Leichtigkeit, eine Freiheit, eine Freude in dir ist, zusammen mit der Anwesenheit Gottes. Verzichten und das Kreuz annehmen öffnet dich für Gott.

Drittens: Gott liebt mich!

> *Gott hat mich geschaffen.*
> *Von ihm habe ich alles.*
> *Er wollte mich.*
> *Gott wollte mich.*
> *Gott hat mich zur Erde gebracht.*
> *Du bist mein Vater.*
> *Du hast mich geformt.*
> *Gott hat mich geliebt.*
> *Gott liebt mich.*
> *Gott hat mich gern.*
> *Er liebt mich! Er liebt mich! Er liebt mich!*

Sage es einfach zehnmal, bis dein Herz sich dieser Wahrheit öffnet. Das erweckt Vertrauen in dir!

Viertens: Die Menschen lieben mich

Die Menschen lieben mich wirklich.
Die Tiefe jedes Menschen liebt mich.
Ich bin sicher:
Tief in ihrem Herzen lieben mich die Menschen.
Die Menschen haben mich gern,
trotz allem.

Fünftens: Das Selbstmitleid aufgeben

Verzeihe mir, dass ich Selbstmitleid übe,
dass ich im Selbstmitleid bleiben möchte.
Verzeihe mein Selbstmitleid, Herr.
Denn das ist Mißtrauen gegen dich.
Verzeihe mir mein Selbstmitleid.
Und reiße mein Selbstmitleid aus meinem Herzen heraus.
Reiße es aus mit der ganzen Wurzel, danke.

Sechstens: Den anderen vergeben

Ich vergebe den anderen.
Gerne, Herr, vergebe ich.
Ich will vergeben, so wie du mir vergeben hast.
Im Vertrauen auf das Gute in den Menschen vergebe ich.
Ich will vergeben!
Ich will es,
aber nur du kannst mich dazu befähigen.

Bleibe ganz ruhig, dann kommt alles von selbst aus Gottes Gnade.

Siebtens: Die Sünden und Schuldgefühle übergeben

Alle meine Sünden übergebe ich dir,
besonders diejenigen, die mich zu dir hindern.
Ganz besonders übergebe ich dir falsche Schuldgefühle.
Verzeihe mir meine falschen Schuldgefühle.
Verzeihe mir meine Angst vor dir.
Verzeihe mir meinen Hochmut.
Alle meine Sünden verzeihe mir.

Achtens: An die Vergebung glauben

Ich glaube an die Vergebung der Sünden.
Ich glaube, dass du mir vergeben hast.
Ich habe Vertrauen.
Ich habe dir meine Sünden gesagt und du hast mir vergeben.

Danke!

Ich glaube an die Vergebung der Sünden.

Neuntens: Um den Geist Gottes bitten

Bitte, gib mir, o Herr, jetzt deinen Geist.
Dein Geist erfülle jetzt meine Seele.
Dein Geist komme jetzt über mich.

Erfülle mich.
Gib mir deine Gaben und deine Früchte des Geistes,
deine Tugenden und deine Kräfte gib mir jetzt.
Gib mir besonders das Vertrauen zu dir.
Gib mir diese Gaben:
Vertrauen, Glauben, Hoffnung und Zuversicht.

Zehntens: Danken

Ich danke dir, o Herr.
Ich danke dir für mein Leben.
Ich danke dir, dass du mich wolltest.
Ich danke dir, dass du mir alles vergeben hast.
Ich danke dir,
dass ich jetzt hundertfach von dir bekommen habe.
Ich danke, ich danke, ich danke.

Einfach danken, danken und danken! Den ganzen heutigen Tag
sollst du danken!

14. Gehen mit Jesus im Alltag: Es riecht nach Himmel

Was tust du jeden Morgen, wenn du aufstehst? Du machst Toilette. Morgens machen alle Toilette. Jeder muss sich waschen und schön machen.

Von nun an solltest du das nicht nur für deinen Körper, sondern auch für deinen Geist tun. Wenn du aufstehst, setzte oder knie dich vielleicht an den Rand des Bettes.

Sage zuerst: Gott, ich bin da! Danke!

Dann schaue, ob irgendeine Last der Sünde an deinem Gewissen nagt. Übergib sie ihm! Bitte um Verzeihung, dann ist der Schmutz weg.

Und überlege, ob du vielleicht etwas gegen jemanden hast, den du an diesem Tag treffen sollst. Sage darum sofort: O Gott, segne diesen Menschen! Und ich vergebe ihm! So kannst du ganz frei in den Tag gehen.

Und dann hast du vielleicht Angst vor deiner Arbeit und vor manchem, das heute geschehen soll. Erlaube deswegen: Jesus, gehe jetzt vor mir und bereite mir den Weg in diesen Tag!

Denke daran, wenn du dich mehrere Tage nicht waschen, nicht deine Haare kämmen und nicht deine Zähne oder die Schuhe putzen würdest. Wer könnte es neben dir aushalten? Wenn schon materieller Schmutz übel riecht, wie dann erst geistlicher Schmutz.

Wenn du nämlich mit den Lasten der Sünde und der Angst, mit den Lasten des Hasses und der Antipathie in den Tag gehst, dann bist du einfach wütend und jähzornig. Du bist irgendwie begrenzt und zerschlagen. Du kannst mit niemanden von Herzen reden. Dann bist du deinen Kindern gegenüber nervös und gereizt. Dann gehst du mit deinem Mann oder mit deiner Frau einfach schrecklich um. Dann ist zwischen euch sehr schnell Funkstille, oder du streitest immer wieder unnötig. Und wenn du zur Arbeit kommst, dann bist du ebenso leicht gereizt. Niemand kann gut mit dir leben.

Es ist wirklich schlimm, wenn du diese geistliche Toilette nicht machst. Die Welt geht zugrunde, wenn wir sie nicht immer wieder vollziehen. Man sieht es einem Menschen an, wenn er gebetet hat. Noch mehr aber sieht man es ihm an, wenn er nicht gebetet hat!

Das ist alles sehr wichtig, wenn du Kinder gut erziehen willst, oder wenn du deine Ehe, deine Familie, deinen Arbeitsplatz und den Kreis der Kollegen und Freunde richtig genießen willst. Viel schöner wird dann deine Stadt oder dein Dorf sein, wenn du so frei sein kannst. Dann riecht es einfach nach Himmel!

Wenn es darum geht, eine geistliche Wunde zu heilen, dann wirst du Kraft bekommen, richtig zu reagieren: Wenn du im Hass oder im Jähzorn bist, dann bekommst du Liebe. Wenn du nervös oder unruhig bist, dann bekommst du Frieden. Wenn du stachelig bist, dann bekommst du Sanftmut. Dies sind Tugenden, die der Heilige Geist gibt.

Es ist schrecklich, jemanden zu treffen und dabei zu sehen, dass er sich nicht verändert hat. Wenn ich jemanden treffe, der mir sagt, wie sehr ich mich verändert habe, dann bin ich froh. Wenn ich hören muss, wie die anderen sagen, dass ich unverändert geblieben sei, dann ist das für mich schrecklich! Gleich zu bleiben bedeutet, unmodern und rückständig zu sein, nicht mit der Zeit zu gehen und nicht zu wachsen.

Der größte Fehler ist es, wenn du nur hörst, aber nicht praktizierst. Wie du jeden Tag isst und schläfst, so mache auch diese notwendige Morgentoilette. Sie soll nie ausfallen! Wenn du das befolgst, dann wirst du leben.

Nach vorne sehen

Vielleicht wirst du mit der Zeit sehen, dass du Geistesgaben bekommen hast. Das Sprachengebet vielleicht, ein neues Gebet, das du nie gekannt hast, oder einfach neue Einsichten in die Welt, in Gott oder eine Liebe für Gottes Wort, eine Liebe für die Messe, eine Liebe für das Gebet, eine Liebe zu den Menschen. Auf einmal wirst du sehen: Mensch, ich bin ganz anders geworden, als wären mir die Augen wirklich aufgegangen, als wären jetzt die Vorhänge weg.

Gehe jetzt noch nicht in die Welt, um zu verkündigen. Das brauchst du nicht zu tun. Jetzt musst du erst einmal wachsen. Verkündigen sollen jetzt andere für dich! Versuche nicht, alle zu bekehren. Das hier ist nur der Anfang, nur die Geburt. Aber lebe einfach das, wovon du jetzt überzeugt bist! Du sollst für Jesus durchlässig werden.

Die letzte Hausaufgabe

Abschließend ist es noch gut, als letzte Hausaufgabe ein Telegramm an Jesus zu schreiben. Wirklich nur ein Telegramm. Sage darin Jesus danke für diese Zeit, besonders für das, was in dir geschehen ist.

Vielleicht spürst du oder ahnst du schon, was in dir neu geworden ist. Oder vielleicht ist bei dir schon etwas Großartiges geschehen. Vielleicht hast du schon einen großen Frieden in dir, spürst eine Kraft oder eine Freude. Oder vielleicht hast du neuen Mut bekommen.

Sprich in diesem Telegramm deinen Dank an Jesus aus.

15. | P.S.: Ein paar Telegramme...

* Es ist so schön, sagen zu dürfen: Herr, ich bin dein! Danke.

(eine Frau)

* Lieber Jesus, bitte lasse meine Hand nicht mehr los - stop - Verschiebe deine Abreise auf unbestimmte Zeit - stop - Danke im voraus - stop - dein F.

(ein Mann)

* Ich habe mich seit Jahrzehnten nicht so kräftig gefühlt.

(eine ältere Frau)

* Danke Jesus, weil du mich erschaffen hast. Danke, weil du so gut bist, für mich das Beste willst und mir als Hilfe deine Mutter zur Seite gestellt hast. Danke, weil du mich von Ewigkeit her geliebt hast.

(eine Frau)

* Jesus danke, dass du mich zu heilen beginnst. Danke, dass ich zu dir kommen kann, so wie ich wirklich bin. Wenn ich verschlossen bin, bist du der Schlüssel, der mich öffnet. Wenn ich die Begrenztheit meines Denkens spüre, bist du da, um die Grenzen zu durchschreiten. Wenn meine Dunkelheit zu mir spricht, bist du da mit deinem Licht. Wenn ich falle, dann bist du da, um mich aufzurichten. Wenn mein Wissen aufhört, beginnt dein Glaube.

Wenn alle Laute und Geräusche verstummen, beginnst du zu sprechen. Wenn ich klage, schweigst du. Wenn ich lobe, hörst du. Weil du lebst, lebe ich!

(ein Mann)

* Lieber Jesus, nach drei fast vergeblichen Seminaren hast du mich heute angetroffen, erreicht, erfüllt, beglückt, geliebt, verstanden, berührt, angeschaut, umarmt und gefunden. Ich warte nun mit großer Ungeduld, was du mit mir vorhast. Und es ist mir alles lieb und recht. Ich danke dir.

(eine Frau)

* Danke, Jesus - stop - du Frühlingserwachen - Stop deine A.

(ein Mädchen)

* Lieber Jesus. Ich danke dir, dass ich deine vielgeliebte Tochter bin. Du bist auch mein vielgeliebter Vater. Ich bin bereit, deine Geschenke neu anzunehmen. Deine H.

(eine Frau)

* An Jesus! Danke für dieses dritte Seminar. Diesmal hat es gefunkt. Deine M.

(ein Mädchen)

* Hallo Jesus - stop - kam ungeplant und unbeabsichtigt zum Glaubensseminar - stop - hast du das eingefädelt? - Stop Danke, dein G.

(ein junger Mann)

* Ich danke dir dafür, dass du meinen inneren Panzer durchbrochen hast, dass du mich ordentlich durcheinander gebracht, ja aufgewühlt hast, mich im Glauben aber wieder gefestigt hast, damit ich und nicht nur ich, dir näher komme. Danke!

(eine Frau)

* Jesus, du kennst mich und du liebst mich. Ich gehöre ganz dir und die Meinen sind ganz dein. Es hat sich heute etwas in mir gelöst und ich danke dir. Danke!

(eine Frau)

* Jesus, ich danke dir, dass du mich buchstäblich ein Leben lang von einer guten Hand in die andere gereicht hast. Die vorläufig letzte ist die von heute. Ich danke dir!

(eine ältere Frau)

* Liebster Vater! Ich danke dir, dass du mich angenommen hast mit all meinen Ängsten, Schuldgefühlen, Verwundungen und so weiter, dass du mich geheilt hast und dass du mich frei und wieder froh gemacht hast. Ich fühle mich nun wieder sorglos wie ein Kind und wie ein Vogel in der Luft. Deine E.

(eine Frau)

* Danke, Jesus, dass du mir jetzt mehr Zeit im Alltag für dich schenken wirst, damit ich Gebetszeiten einschalten kann. Bisher war ich immer so schwer beschäftigt.

(eine Frau)

* Lieber Jesus, ich habe wieder viel über dich erfahren dürfen, musste aber dabei einsehen, dass sich trotz meines Alters in meinem restlichen Leben noch vielen ändern muss. Bei jeder Beichte nehme ich mir vor, wieder einiges besser zu machen. Hilf mir gut zuhören.

(eine ältere Frau)

* Lieber Jesus, ich habe mir von diesem Seminar eigentlich gar nichts Besonders erwartet. Ich habe das Buch über den heiligen Pfarrer von Ars gelesen und dabei gedacht: Schade, der hat halt im neunzehnten Jahrhundert gelebt. Jetzt aber glaube ich, du wirkst heute noch genauso. Und das macht mich sehr betroffen!

(eine junge Frau)

* Lieber Herr Jesus. Ich danke dir, dass ich das richtige Kochrezept für mein Leben bekommen habe. Danke!

(ein Jugendlicher)